# 国网河南省电力公司人工智能典型应用集锦

## ——人工智能十八般武艺

国网河南省电力公司信息通信分公司　组编

中国水利水电出版社
www.waterpub.com.cn
·北京·

## 内 容 提 要

本书主要介绍了电力行业人工智能算力、平台、样本、模型、运营等方面的建设情况及管理方式，并汇集一系列人工智能典型应用案例。全书分四章，包括人工智能背景及发展趋势、建设情况及典型做法、电力人工智能应用集锦、风险与展望，涵盖察、视、听、答、写、防、读、算、审、考、估、研、说、办、认、判、转、做十八个应用方向。

本书可以为电力行业各专业人员提供实用化借鉴，助力读者深入理解电力行业的人工智能基础，并熟练掌握其应用场景。

**图书在版编目（CIP）数据**

国网河南省电力公司人工智能典型应用集锦 ： 人工智能十八般武艺 / 国网河南省电力公司信息通信分公司组编. -- 北京 : 中国水利水电出版社, 2024. 12.
ISBN 978-7-5226-3126-4
Ⅰ. F426.61-39
中国国家版本馆CIP数据核字第20250RB549号

| | |
|---|---|
| 书　名 | **国网河南省电力公司人工智能典型应用集锦**<br>**——「人工智能十八般武艺」**<br>GUOWANG HENAN SHENG DIANLI GONGSI RENGONG ZHINENG DIANXING YINGYONG JIJIN——「RENGONG ZHINENG SHIBA BAN WUYI」 |
| 作　者 | 国网河南省电力公司信息通信分公司　组编 |
| 出版发行 | 中国水利水电出版社<br>（北京市海淀区玉渊潭南路 1 号 D 座　100038）<br>网址：www. waterpub. com. cn<br>E - mail：sales@mwr. gov. cn<br>电话：（010）68545888（营销中心） |
| 经　售 | 北京科水图书销售有限公司<br>电话：（010）68545874、63202643<br>全国各地新华书店和相关出版物销售网点 |
| 排　版 | 中国水利水电出版社微机排版中心 |
| 印　刷 | 清淞永业（天津）印刷有限公司 |
| 规　格 | 184mm×260mm　16 开本　8.75 印张　167 千字 |
| 版　次 | 2024 年 12 月第 1 版　2024 年 12 月第 1 次印刷 |
| 定　价 | **82.00** 元 |

# 编委会

# 编写成员名单

**主　　编**　刘伯宇　朱　莹

**副 主 编**　党芳芳　李　东　远　方　王军义　王晨旭　张兰云

**编写人员**　宁永杰　张　静　孟昭泰　贾静丽　胡　岸
王淑慧　郑腾霄　杨　扬　郭　亚　王　浩
刘怡晴　夏晨阳　秦　龙　郭源善　孟慧平
王春迎　王　雷　王　正　李路远　赵永胜
崔　鹏　闫丽景　吴阳阳　李　帅　梁　纲
王梦蝶　刘孜耕　郑少飞　王　粲　刘善峰
程夏威　王　雍　姚琼琼　王艺超　郭　鹏
田　野　崔佳彬　常富红　刘　骞　张文丰
程梦琪　冯晓兰　彭　苒　裴　磊　陈景瑜
侯守赞　尧　程　高　爽　韩晶晶

# 前言

在全球科技变革的澎湃浪潮中，人工智能已成为驱动产业革新的关键引擎。国家高瞻远瞩，将人工智能发展提升至战略核心地位，相继出台《新一代人工智能发展规划》（国发〔2017〕35号）等重磅政策，全力推动其在各行业的深度融合与创新应用，旨在从全球人工智能竞争中脱颖而出，引领经济社会智能化转型新征程。

国家电网有限公司（以下简称“国网公司”）紧扣国家战略脉络，锚定“建设具有中国特色国际领先的能源互联网企业”宏伟目标，积极谋划人工智能布局。深度整合全业务、全环节数字化转型需求，全力打造电力人工智能生态体系，依托“两库一平台”建设筑牢根基，驱动电网智能化升级迈向新高度，为能源电力领域智能化变革注入强劲动力。

国网河南省电力公司（以下简称“国网河南电力”）坚决贯彻国网公司战略部署，勇立人工智能应用潮头。自2019年正式开启电力人工智能探索之旅，迅速组建精英荟萃的建设工作领导小组与高效协作的工作组，全方位发力推进建设应用工作。秉持“协同共进、创新突破”理念，各专业部门打破壁垒横向协同，协同18个市供电公司、108个县供电公司层层联动、同向发力，无畏技术攻坚过程中的平台迭代升级、系统集成复杂、数据治理艰巨等重重挑战，砥砺奋进，攻克难关，圆满达成各阶段关键任务，成功构建起功能完备的人工智能应用架构，显著提升数据资产质量与应用效能，广泛拓展线上业务覆盖范畴，为电网运营管理注入智慧活力，全面激活数字化赋能新引擎。

一路砥砺前行，成绩斐然夺目。过往数年，国网河南电力众志成城、拼搏奋进，在人工智能电力应用领域屡创佳绩。2019年起，开启人工智能技术应用探索，聚焦设备与营销领域，为后续的深入发展奠定基础。2020年，全面谋划布局，从总体架构、平台功能到服务能力等方面完成人工智能技术应用设计。2021年，人工智能发展正式起步，成功建成“两库一平台”，提供六大通用组件服务，助力业务智能化突破。2022年，迎来了人工智能与业务的深度融合阶段，多领域开展智能应用试点，推广机器人流程自动化（RPA）全面应用，进一步提高业务流程的自动化程度和工作效率，推动国网河南电力智能化水平迈向新台阶。2023年，在人工智能领域实现了重大突破，实现人工智能规模化应用，完成输电无人机智能巡检等14项场景攻坚，开展大模型技术验证。2024年，进一步深挖人工智能潜力，推动人工智能从感知智能向认知智能、生成式决策智能演进。持续深耕创新实践，深度融合多源数据资源，全力优化数据治理体系，精心雕琢“图数融合、智能驱动”的电力智能管控模式。众多创新应用案例成功入选国网典型案例库，多篇专业成果于行业权威媒体重磅发布，在各级竞赛与创新评选中屡获殊荣，成为国网系统人工智能应用创新的标杆典范，充分彰显国网河南电力在电力人工智能领域的深厚技术底蕴与卓越创新实力。

枝繁叶茂，成果丰硕。为深度践行国网公司“深化人工智能应用、加速数字化转型”战略指引，切实强化省、市、县各层级单位人工智能应用能力，高效赋能电力业务全流程，深度凝聚长期积累的实践智慧与创新结晶，国网河南电力精心组织编撰本书，甄选涵盖电力生产、运营、管理等核心环节的前沿应用案例，历经严苛的专业评审、深度优化与系统整合，全方位呈现电力人工智能18类关键应用场景的创新实践与卓越成效。

林深叶茂，活力四溢。本书案例皆源于一线实践、汇聚集体智慧，具备四大鲜明特质。其一，架构严谨，逻辑缜密。依循电力业务逻辑精心架构章节，从基础技术架构搭建到核心业务场景应用，层层递进、环环相扣，帮助读者系统构建知识体系，深度洞察人工智能与电力业务的融合机理。其二，内容翔实，全景呈现。全面覆盖发电、输电、配电、用电等电力产业链关键环节，聚焦智能巡检、故障诊断、负荷预测、客户服务优化等核心应用场景，以丰富案例、翔实数据、精准流程全方位展现人工智能技术在电力领域的创新实践与应用成效，为电力从业者呈上完备的知识盛宴。其三，特色鲜明，聚焦本地。紧密结合河南电网地域特性与业务需求，深度挖掘本地应用痛点与特色场景，如针对河南新能源分布特点开展的精准消纳分析、结合本地用电负荷特性的智能预测模型构建等，为国网河南电力的智能化发展量身定制解决方案，提供极具针对性的实践指引。

其四，案例扎实，实操性强。案例剖析遵循“背景—应用—成效”清晰脉络，关键技术细节与操作流程一目了然，辅以海量现场数据图表、实际操作截图，为读者提供直观学习范本，有效助力技术落地与能力提升，切实推动电力业务智能化升级。

繁花似锦，惠泽四方。衷心期许本书能成为电力从业者开启人工智能智慧之门的关键钥匙，为电网规划、运维、营销、管理等专业人员呈上宝贵的实践指南，为电力行业技术创新爱好者点亮知识灯塔。愿借本书之力，凝聚各方智慧合力，强力驱动电力人工智能应用迈向纵深，深化数据智能治理与技术融合创新，优化业务流程闭环管控，充分释放数字化转型效能，为新型电力系统建设与高质量发展持续赋能，铸就电力智能化辉煌新篇！

翠影摇曳，感恩满怀。本书编撰承蒙国网公司人工智能领域诸多领导专家悉心指导，在此向参编本书的各单位专家致以诚挚谢忱！参编团队专家秉持专业精神、精雕细琢，项目组技术骨干及合作单位精英全力支撑、辛勤奉献，共同为本书品质筑牢坚实根基，其功绩铭刻于心！

疏漏难免，敬祈海涵。鉴于编撰时限与能力局限，书中或存瑕疵疏漏，诚盼各界贤达批评指正，携手共进推动电力人工智能知识传承与创新发展！

**编委会及编写组**

2024年12月

# 目录

## 第四章　风险与展望

# 第一章

# 背景及发展趋势

本章着重剖析人工智能在电力行业的发展全景。于国家政策维度，系统梳理如《新一代人工智能发展规划》（国发〔2017〕35号）等纲领性文件对电力领域人工智能推进的指引方向，凸显国家抢占科技高地、推动产业升级决心下电力行业面临的机遇与责任。在国网政策层面，深入解读其契合国家战略的公司级规划，如围绕“一体四翼”布局展开的人工智能建设部署，如何驱动电网智能化升级与企业数字化转型进程。

聚焦发展趋势，精准剖析电力人工智能在理论算法革新、计算能力进阶、数据资源剧增及行业需求迫切驱动下的新走向，深度阐释其在电力各环节从辅助迈向核心决策、从浅层次感知迈向深度认知与自主行为的变革逻辑。同时，针对新能源消纳、传统发电优化、输电配电智能化运维、用电服务提升、调度高效管控等细分领域，细致拆解人工智能应用场景与关键技术路径，为后续章节应用实践筑牢理论根基与趋势洞察基石，全面呈现电力人工智能发展的时代脉络与核心驱动力。

## 第一节　国　家　政　策

在全球科技竞争日益激烈的背景下，人工智能已成为各国角逐的关键领域，国家高瞻远瞩，积极布局人工智能发展战略，一系列重磅政策相继出台，为人工智能在电力行业的蓬勃发展奠定了坚实基础。

国务院于2017年印发的《新一代人工智能发展规划》（国发〔2017〕35号），宛如一盏明灯，照亮了我国人工智能发展的前行道路。该规划明确了面向2030年的长远发展目标与路径，全面部署了构筑我国人工智能发展先发优势的战略任务，涵盖了从基础理论研究到关键技术突破，从应用场景拓展到产业生态培育等多个层面，旨在加速我国建设创新型国家和世界科技强国的进程。在这一宏伟规划的指引下，各行业纷纷响应，积极探索人工智能的应用潜力，电力行业更是凭借其在国民经济中的重要地位，成为人工智能技术深度融合与创新应用的重点领域。

随着“双碳”目标的稳步推进，能源转型成为全球共识，电力行业肩负着重大使命。《中共中央关于制定国民经济和社会发展第十四个五年规划和二〇三五年远景目标的建议》紧密围绕基础研究与前沿科技领域的突破，着重强调了加强包括人工智能在内的多个关键领域的基础研究与创新发展。通过优化研发布局、促进学科交叉融合等举措，不断完善共性基础技术的供给体系，为人工智能技术在电力行业的深度应用提供了坚实的理论支撑与技术保障。特别是在电力行业的“双碳”目标推进过程中，人工智能技术被寄予厚望，成为实现能源绿色转型与可持续发展的核心助力。例如，利用人工智能技术优化能源管理和调度，可有效提高能源利用效率，降低碳排放，助力电力行业在能源转型中发挥引领作用。

《“十四五”现代能源体系规划》（发改能源〔2022〕210 号）精准聚焦能源行业的关键需求与发展趋势，明确提出了构建安全可靠、低碳高效、智能友好的现代能源体系的总体目标。在这一目标框架下，人工智能技术被视为推动能源体系智能化升级的关键驱动力，要求电力企业充分发挥人工智能在能源生产、传输、分配和消费等各个环节的优化作用，提升能源利用效率，增强能源供应的稳定性与可靠性，为实现国家能源战略目标奠定坚实基础。具体而言，在发电环节，人工智能可助力新能源发电实现高效功率预测与智能运维管理；在输电环节，可提升输电线路巡检与设备状态监测的智能化水平；在配电环节，推动配网向智能自愈方向发展；在用电环节，实现用户需求响应与节能降耗的智能化调控，全方位促进电力行业的智能化变革。

政府工作报告也持续高度关注人工智能的研发与应用进展，多次着重强调深化大数据、人工智能等前沿技术的研发应用力度，并大力倡导开展“人工智能+”行动。这一系列政策举措旨在全面激发人工智能技术的创新活力与应用潜力，全力打造具有国际竞争力的数字产业集群。电力行业作为国家经济的重要支柱产业，积极响应国家号召，充分利用政策支持，加速推进人工智能技术在电力系统中的深度融合与创新应用，不断提升行业的智能化水平与核心竞争力，为我国在全球能源领域的竞争中赢得优势地位。国家电网有限公司（以下简称“国网公司”）高度重视相关政策，积极探索人工智能在电网调度、设备运维、客户服务等方面的应用，通过智能化手段提高电网运行效率和服务质量，为电力行业的智能化发展树立了典范。

## 第二节 国 网 政 策

国网公司紧密契合国家战略，积极投身人工智能领域，全力推进“建设具有中国特色国际领先的能源互联网企业”的宏伟目标，精心布局“一体四翼”发展战略，深度整合全业务、全环节数字化转型需求，将人工智能技术作为核心驱动力，全力打造电力人工智能生态体系，引领电力行业智能化升级潮流。

国网公司在《公司“十四五”数字化规划》中，明确将“提升人工智能公共服务能力”列为关键任务之一，精心规划并大力推进人工智能“两库一平台”（样本库、模型库、人工智能平台）的建设与应用。通过构建样本库，广泛收集、整理和存储海量高质量的电力数据样本，为人工智能模型训练提供丰富素材，确保模型能够准确学习和把握电力业务的规律与特征；模型库则汇聚了多种先进的通用算法模型和针对电力行业特定需求定制的专业模型，如同一个强大的“模型超市”，用户可根据不同的应用场景便捷地选择和部署合适的模型，并进行进一步优化；人工智能平台作为连接样本库和模型库的核心枢纽，提供了从数据预处理、模型训练、测试到部署的全流程工具和服务，有力支持模型的持续迭代和维护，为电力业务人员、模型开发人员和应用开发人员打造了一个高效、便捷的一站式人工智能研发与应用环境，极大地提升了人工智能技术在电力行业的研发效率和应用效果。

为确保人工智能技术在各业务领域的有效应用，国网公司印发《人工智能技术应用顶层设计》，从体系框架、总体架构、平台功能、服务能力、应用场景、运营机制、标准体系、人才队伍、开放生态等九个关键维度进行了全面而深入的规划与设计。

在体系框架层面，明确构建以数据为核心、以算法为驱动、以平台为支撑的人工智能技术应用体系，确保各个环节紧密协同、高效运行。通过建立统一的数据标准和规范，实现电力数据的高效采集、存储、管理和共享，为人工智能算法提供充足、准确的数据支持；以先进的算法模型为核心，挖掘电力数据中的潜在价值，实现智能化决策和预测；依托强大的人工智能平台，整合各类资源，提供稳定、高效的计算和服务能力，保障人工智能应用的顺利实施。

总体架构设计上，打造层次分明、功能完备的架构体系，涵盖了数据采集与存储、模型训练与优化、应用开发与部署等核心功能模块，实现了从底层数据到上层应用的无缝对接与高效流转。在数据采集与存储方面，通过与各类电力设备和系统的互联互通，实现对海量电力数据的实时采集和安全存储；模型训练与优化模块利用大数据和云计算技术，对采集到的数据进行深度挖掘和分析，训练出高精度的人工智能模型，并通过不断优化算法和参数，提升模型的性能和泛化能力；应用开发与部署模块则将训练好的模型与具体的电力业务场景相结合，开发出具有实际应用价值的人工智能应用，并部署至生产环境中，为电力业务提供智能化支持。

平台功能方面，强化人工智能平台的计算能力、数据处理能力、模型管理能力和应用服务能力，为电力业务提供强大的技术支撑。通过引入高性能的计算设备和先进的云计算技术，提升平台的计算速度和处理能力，满足大规模数据处理和复杂模型训练的需求；优化数据处理算法和工具，实现对多源异构电力数据的快速清洗、转换和分析；建立完善的模型管理机制，对模型的版本、参数、性能等进行全面管理和监控，确保模型的可靠性和稳定性；加强应用服务能力建设，提供便捷的应用接口和用户界面，方便电力业务人员使用人工智能应用，提高工作效率。

服务能力建设上，注重提升模型的准确性、可靠性和可扩展性，通过建立完善的模型评估与优化机制，确保模型能够满足电力业务的多样化需求。采用多种评估指标和方法，对模型的性能进行全面、客观的评价，及时发现模型存在的问题和不足；根据评估结果，运用数据增强、模型融合等技术对模型进行优化和改进，提高模型的准确性和泛化能力；同时，注重模型的可扩展性，使模型能够适应电力业务的不断发展和变化，方便与其他系统进行集成和对接。

在应用场景拓展方面，紧密结合电力行业的业务特点与实际需求，深入挖掘设备运维、电网调度、客户服务、安全管控、经营管理等多个领域的应用场景，推动人工智能技术在电力行业的全面落地应用。在设备运维方面，利用人工智能技术实现设备故障的智能诊断和预测，提前发现设备潜在隐患，及时安排维护检修，降低设备故障率，提高设备可靠性；在电网调度方面，通过智能负荷预测和优化调度算法，实现电力资源的合理配置和高效利用，保障电网安全稳定运行；在客户服务方面，借助智能客服和语音识别技术，加强客户服务的质量与效率，提升客户满意度；在安全管控方面，运用人工智能技术实现对网络安全威胁的实时监测和预警，加强电力信息系统的安全防护；在经营管理方面，利用数据分析和预测模型，为企业决策提供科学依据，优化企业资源配置，提高企业经济效益。

运营机制设计上，构建了高效的运营管理体系，包括模型的全生命周期管理、数据的质量管控、应用的监控与评估等环节，确保人工智能应用的持续稳定运行。在模型的全生命周期管理中，对模型的开发、训练、部署、更新和退役等过程进行严格管理和监控，保证模型质量及性能；加强数据质量管控，通过数据清洗、验证和修复等手段，确保数据的准确性、完整性和一致性；建立应用监控与评估机制，实时监测应用的运行状态和性能指标，及时发现并解决问题，不断优化应用效果。

标准体系建设方面，制定了统一的技术标准、数据标准和应用规范，促进了人工智能技术在电力行业的规范化发展。统一的技术标准规范了人工智能算法、模型和平台的技术要求和接口规范，确保不同系统之间的互联互通和互操作性；数据标准明确了电力数据的格式、编码和语义规范，提高数据的共享性和可用性；应用规范则对人工智能应用的功能、性能和安全要求进行了规定，保障应用的质量和可靠性。

人才队伍培养上，加大对人工智能专业人才的引进与培养力度，通过开展培训课程、实践项目等方式，提升员工的人工智能技术水平与应用能力，打造了一支高素质的人工智能人才队伍。与高校和科研机构合作，建立人才培养基地，开展联合培养和学术交流活动，吸引优秀的人工智能人才；组织内部培训课程和研讨会，为员工提供学习和交流的平台，帮助员工掌握人工智能技术的基础知识和应用技能；鼓励员工参与实际项目开发和实践，通过项目锻炼提高员工的实践能力和创新能力。

开放生态构建方面，积极与科研机构、高校、企业等各方合作，共同推动人工智能技术的创新发展与应用推广，形成了互利共赢的产业生态环境。与科研机构合作开展前沿技术研究和创新项目，共同攻克人工智能技术在电力行业应用中的难题；与高校合作建立实习基地和产学研合作项目，培养电力行业所需的人工智能专业人才；与企业合作开展技术交流和产品推广活动，促进人工智能技术在电力行业的广泛应用和产业发展。

## 第三节　发　展　趋　势

### 一、人工智能整体发展趋势

近年来，人工智能在全球范围内掀起了前所未有的创新浪潮，成为引领科技变革的核心力量，其发展趋势呈现出多维度的显著特征，正深刻改变着人们的生产生活方式，并对各行业的发展产生了深远影响。

1. 技术层面

深度学习算法持续突破创新，模型结构深度与复杂度不断攀升，Transformer 架构的衍生变体层出不穷，在自然语言处理、计算机视觉等关键领域展现出卓越的性能表现，推动人工智能向更高智能水平迈进。例如，基于 Transformer 的 GPT 系列模型在自然语言处理领域取得了巨大成功，能够生成高质量的文本内容，实现智能写作、智能问答等功能，极大地提升了语言处理的智能化程度；在计算机视觉领域，Transformer 架构的应用使得目标检测、图像分割等任务的精度大幅提高，为智能安防、自动驾驶等领域的发展提供了有力支持。强化学习在复杂任务决策优化领域的重要性日益凸显，通过智能体与环境的动态交互学习最优策略，在机器人控制、自动驾驶、游戏博弈等场景中取得显著进展，有望实现更高效、精准的决策制定。在机器人控制方面，强化学习算法使机器人能够在复杂环境中自主学习和适应，完成各种复杂任务，如在工业生产线上的物料搬运、装配等任务；在自动驾驶领域，强化学习助力车辆在复杂路况下实现智能决策，如自动调整车速、保持安全车距、选择最优行驶路线等，推动了自动驾驶技术的快速发展与实际应用；在游戏博弈中，强化学习算法使智能体能够在与对手的对抗中不断学习和优化策略，展现出超越人类的决策能力，为游戏产业带来了全新的发展机遇与挑战。多模态融合技术蓬勃发展，成功整合图像、语音、文本等多种数据模态，为人工智能系统赋予了更强大、全面的感知与理解能力，极大地拓展了其应用的广度与深度。在智能安防领域，融合视频图像与语音识别技术，能够更加准确地判断人员的行为意图和异常情况，如在监控区域内，一旦检测到异常的声音和行为动作，系统会立即发出警报并进行智能分析，为安全防范提供了更可靠的保障；在智能教育领域，结合文本讲解与图像、动画演示，打造沉浸式学习体验，帮助学生更好地理解和掌握知识；在智能家居场景下，用户可通过语音、手势等多模态交互便捷控制家电设备，实现智能化的家居生活。

2. 算力方面

随着人工智能应用对计算资源需求的急剧增长，全球范围内正加速构建超大规模的数据中心与高性能计算集群，以提供强大的算力支持。硬件技术不断革新，图像处理单元（graphics processing unit，GPU）、张量处理单元（tensor processing unit，TPU）和神经网络处理单元（neural processing unit，NPU）等专用芯片性能持续提升，量子计算技术的研究与应用也在逐步推进，有望在未来为人工智能带来指数级的算力飞跃，突破现有计算瓶颈，开启全新的智能计算时代。目前，GPU 已成为深度学习训练的主流硬件，其大规模并行计算能力能够显著加速模型训练过程；TPU 则在谷歌的 TensorFlow 框架中表现出色，专门为加速张量运算而设计，大幅缩短了模型训练时间；NPU 针对神经网络运算进行了优化，在边缘设备上实现了高效能低功耗的 AI 处理，拓展了人工智能的应用范围。量子计算技术凭借其独特的计算原理和超强的计算能力，虽然目前仍处于研究和实验阶段，但已展现出巨大的潜力，一旦实现突破，将能够处理更加复杂、大规模的人工智能任务，为人工智能的发展带来革命性的变化。

3. 数据领域

大数据技术的飞速发展使得海量、多源、异构的数据得以高效采集、存储与管理，为人工智能训练提供了丰富素材。通过传感器、物联网设备等技术手段，能够实时收集来自各个领域的数据，如互联网数据、工业生产数据、医疗健康数据等。数据标注技术的自动化与半自动化发展，有效降低了数据标注成本，提高了数据质量与标注效率，进一步促进了人工智能模型的快速迭代与优化。利用自动化标注工具和算法，能够快速准确地对大量数据进行标注，减少了人工标注的工作量和误差，为模型训练提供了更可靠的数据支持。基于这些海量标注数据，人工智能模型得以不断学习和改进，在图像识别、语音识别、自然语言处理等领域的性能得到了显著提升。在图像识别中，模型能够更加准确地识别各种物体和场景；在语音识别中，能够更好地理解不同口音和语言习惯的语音内容；在自然语言处理中，能够生成更加自然流畅的文本回复。

4. 应用场景拓展

人工智能已广泛渗透至医疗、交通、金融、制造、教育等几乎所有行业领域，成为推动产业升级与变革的关键动力。在医疗领域，助力疾病早期精准诊断、个性化医疗方案制定与药物研发创新。通过对医学影像数据的深度学习分析，人工智能系统能够帮助医生更准确地检测出肿瘤、病变等异常情况，辅助制定个性化的治疗方案，提高医疗诊断的准确性和治疗效果；在药物研发方面，利用人工智能技术能够快速筛选药物分子，预测药物的活性和副作用，缩短药物研发周期，降低研发成本。在交通行业实现智能交通流量优化调控、自动驾驶技术逐步成熟落地。智能交通系统通过对交通数据的实时监测与分析，能够动态调整信号灯时间、优化道路资源分配，缓解交通拥堵，提高交通效率；自动驾驶技术的发展使得车辆能够在复杂路况下实现自主驾驶，提高交通安全性能，改变人们的出行方式。在金融界推动智能风险评估与防控、智能投资顾问服务兴起。利用机器学习算法对金融市场数据和用户信用数据进行分析，金融机构能够更准确地评估投资风险、预测市场趋势，为客户提供更精准的投资建议和金融服务，实现风险的高效规避。在制造业赋能智能生产流程优化、设备预测性维护与质量检测智能化。通过对生产线上设备运行数据的实时监测与分析，使得企业能够提前预测设备故障，及时进行维护保养，减少设备停机时间，提高生产效率和产品质量；利用人工智能技术进行质量检测，能够快速准确地识别产品缺陷，提高产品质量控制水平。在教育领域实现个性化学习路径规划、智能辅导与教育资源智能推荐等，持续重塑传统产业格局，创造全新的业务模式与价值增长点。根据学生的学习情况和特点，智能教育系统能够为学生量身定制学习计划，提供针对性的学习资源和辅导，激发学生的学习兴趣和潜力，提高教学质量；同时，通过教育资源智能推荐，能够帮助学生更好地获取适合自己的学习资料和课程。

## 二、电力行业人工智能发展趋势

在电力行业的数字化转型进程中，人工智能技术正发挥着日益关键的作用，其发展趋势紧密围绕行业需求与技术演进方向展开，为电力行业的智能化升级带来了新的机遇与挑战。

1. 技术融合创新方面

在技术融合创新方面，电力人工智能深度融合物联网、大数据、云计算、边缘计算等前沿技术，构建电力系统智能化生态体系。

物联网技术实现电力设备的广泛互联与实时数据采集，借助大数据技术深度挖掘电力数据价值，利用云计算提供强大的计算资源与存储服务，结合边缘计算实现本地数据快速处理与实时响应，有效提升电力系统的智能化运行水平与协同管理能力，满足电力业务对数据处理速度、精度与可靠性的严苛要求。

在智能电网建设中，通过物联网技术将各类电力设备连接成一个有机整体，实现设备状态的实时监测和数据的自动采集；利用大数据技术对海量的电力数据进行分析和挖掘，获取电力系统的运行规律和用户需求特征；云计算为电力系统提供强大的计算能力和存储资源，支持大规模的数据处理和复杂的模型计算；边缘计算则将计算和数据处理能力下沉到网络边缘，实现对电力设备的快速响应和本地控制，提高电力系统的可靠性和稳定性。例如，在配网中，边缘设备可以实时监测电压、电流等参数，利用本地模型快速判断故障并采取隔离措施，同时将数据上传至云端进行进一步分析优化，实现配网的智能自愈与高效运行。

2. 应用深化拓展维度

在发电环节，人工智能助力新能源发电实现高效功率预测与智能运维管理。通过融合气象、地理、设备运行等多源数据，构建高精度的新能源发电功率预测模型，有效应对新能源发电的间歇性与波动性挑战，提升新能源并网稳定性与消纳能力。例如，利用机器学习算法对历史气象数据（如风速、光照强度、气温等）、地理信息（如地形、海拔等）以及发电设备的运行参数进行分析和学习，建立起能够准确反映新能源发电功率与这些因素之间关系的模型。这样，在实际运行中，结合实时气象监测数据和设备状态信息，就可以提前预测新能源发电功率的变化趋势，为电网调度提供可靠的参考依据，确保电网能够稳定接纳新能源电力。

同时，利用智能监测与诊断技术实现发电设备的全生命周期健康管理，降低设备故障率，提高发电效率与可靠性。基于深度学习的设备故障诊断模型，能够实时采集和分析设备运行过程中的振动、温度、声音等多源信号，通过与正常运行状态下的信号特征进行对比和分析，及时发现潜在的故障隐患，并精准定位故障部位。这不仅有助于提前安排设备维护和检修工作，避免设备突发故障导致的停机损失，还能优化设备运行参数，提高发电设备的整体性能和发电效率。

3. 输电环节

在输电环节，基于深度学习的图像识别与智能分析技术广泛应用于输电线路巡检与设备状态监测，能够精准识别线路缺陷、隐患及外部环境异常。无人机、直升机搭载高清摄像头采集输电线路图像后，利用卷积神经网络等深度学习模型，对绝缘子爆片、金具锈蚀、杆塔鸟巢等七大类共四十小类常见缺陷进行自动识别与分析，识别精度高达90%以上。同时，结合激光雷达和倾斜摄影技术，采集输电线路杆塔经纬度及高程信息，生成三维激光点云，在此基础上进行杆塔精细化巡检航线规划，根据不同塔型设定相应的拍摄位置，实现无人机自主巡检，大幅提升输电网络的安全性与可靠性，降低运维成本与人力投入。与传统人工巡检方式相比，智能巡检技术能够更快速、准确地发现输电线路的问题，同时能够减少巡检人员的工作强度和安全风险，提高巡检效率和质量。

4. 配电环节

在配电环节，人工智能技术推动配网向智能自愈方向发展，通过实时监测与分析配网运行数据，实现故障的快速定位、隔离与自动恢复供电，优化配网运行方式与负荷均衡分配，提升供电质量与用户满意度。利用大数据分析和机器学习算法，对配网的电压、电流、功率等运行数据进行实时监测和分析，一旦检测到故障发生，能够迅速确定故障位置，并通过智能开关等设备自动隔离故障区域，同时启动备用电源或调整电网运行方式，实现非故障区域的快速恢复供电，将停电时间缩短至分钟级。

此外，还能根据用户的用电需求和电网的运行状态，动态调整配电变压器分接头、无功补偿装置投切等，优化配网的运行方式和负荷均衡分配，确保电压稳定，提高供电可靠性和电能质量，满足用户日益增长的用电需求。

5. 调度运行层面

在调度运行层面，人工智能赋能电网调度实现智能化决策与精准控制。利用机器学习算法挖掘电网运行历史数据与实时状态信息，构建高精度的负荷预测模型与电网运行态势感知系统，提前预测电力供需平衡态势与潜在风险，基于智能优化算法生成最优调度方案，有效协调发电、输电、配电资源，确保电网安全稳定运行与电力高效供应，提升电网整体运营效率与智能化管理水平。通过对历史负荷数据、气象因素、经济活动、用户行为习惯等多变量的综合分析，运用深度学习模型准确预测电力负荷的变化趋势，为电网调度提供前瞻性的决策支持。

同时，电网运行态势感知系统融合SCADA、PMU等多源数据，实时呈现电网运行的全景信息，精准识别电网的薄弱环节和潜在风险，如过载、电压越限等问题。在此基础上，智能优化算法根据负荷预测和态势感知结果，生成最优的调度方案，包括机组启停、出力分配、潮流调度等决策，实现发电、输电、配电资源的高效协调和优化配置，保障电网的安全稳定运行和电力的可靠供应，提高电网的整体运营效率和智能化管理水平，适应新能源大规模接入和电力市场化改革带来的新挑战。

6. 客户服务方面

在客户服务方面，人工智能技术的应用正重塑着电力企业与用户的交互模式。智能客服系统借助自然语言处理和语音识别技术，能够精准理解用户的咨询、投诉和业务办理需求，实现24小时不间断的快速响应与高效服务。通过对大量客户服务数据的学习和分析，智能客服能够自动识别用户问题的关键所在，并提供准确、详细的解答，有效缩短用户等待时间，提升客户满意度。例如，在用户咨询电费账单问题时，智能客服可以迅速查询相关信息，并以清晰易懂的方式向用户解释，同时能根据用户的用电情况提供节能建议。

此外，利用数据分析技术对用户需求和行为进行深度挖掘，电力企业能够实现精准营销与个性化服务推送，如根据用户的用电习惯和偏好，推荐适合的电力套餐或节能设备，进一步增强用户黏性与忠诚度，提升企业的市场竞争力。

7. 电力市场交易环节

在电力市场交易环节，人工智能的应用也日益凸显。基于大数据分析和机器学习算法的电力市场预测模型，能够对电力价格走势、市场供需平衡进行精准预测和分析。通过对历史市场数据、宏观经济指标、能源政策以及气象信息等多维度数据的深度挖掘，捕捉市场变化的规律和趋势，为电力企业的交易决策提供科学依据。在制定发电计划和交易策略时，企业可依据模型预测结果，合理安排发电资源，优化电力销售时机和价格，降低交易风险，提高经济效益。

8. 新能源消纳与储能管理

随着新能源在电力系统中的占比不断提高，人工智能在新能源消纳与储能管理方面的作用愈发关键。通过对新能源发电数据、气象数据以及电网负荷数据的实时监测与分析，智能控制系统能够实现新能源发电的精准预测和优化调度，提高新能源在电网中的消纳比例。同时，结合储能技术，利用人工智能算法优化储能设备的充放电策略，平抑新能源发电的波动性，保障电网的稳定运行。例如，在光伏发电高峰期，智能系统可以根据预测的发电功率和电网负荷情况，合理安排储能设备充电，在夜间或阴天等发电不足时，释放储能电量，确保电力供应的连续性和稳定性。

9. 电力安全与风险管理领域

在电力安全与风险管理领域，人工智能技术为保障电力系统的安全稳定运行提供了强有力的支持。利用机器学习算法对电力系统的运行数据进行实时监测和分析，能够及时发现潜在的安全隐患和故障风险，如设备过热、线路过载、短路等问题，并提前发出预警信号。通过对大量历史故障数据的学习和分析，模型可以识别故障发生的模式和特征，提高故障诊断的准确性和及时性。

在应对网络攻击和信息安全威胁方面，人工智能技术也能发挥重要作用。基于行为分析和异常检测的智能安全防护系统，能够实时监测网络流量和用户行为，识别恶意攻击和入侵行为，及时采取防护措施，保障电力信息系统的安全可靠运行。

10. 电力规划与设计方面

在电力规划与设计方面，人工智能技术同样具有广阔的应用前景。通过对地理信息、能源资源分布、电力负荷需求以及电网运行数据的综合分析，利用人工智能算法可优化电力基础设施的规划与布局，提高电网的供电能力和可靠性。例如，在确定变电站的选址和容量时，人工智能模型可以考虑多个因素，如负荷中心位置、土地利用情况、输电线路走廊等，生成最优的规划方案。

在电力设备的设计过程中，利用计算机辅助设计和仿真技术，结合人工智能算法的优化功能，可以提高设备的性能和可靠性，降低设计成本和周期。

人工智能技术于电力行业的应用已然呈现出全方位、深层次且极具活力的发展态势。无论是发电环节的高效管控、输电线路的智能运维、配电网络的优化升级，还是用电服务的贴心关怀，乃至电力市场交易的精准决策、新能源消纳与储能的科学管理、安全风险的严密防控以及规划设计的合理布局，皆因人工智能的深度融入而焕发出全新活力，持续驱动着电力行业的智能化转型进程。

伴随人工智能技术的持续创新与迭代优化，其在电力行业的应用潜能将得到更为充分的挖掘与释放，有望在能源高效利用、系统稳定运行、服务品质提升等诸多关键维度实现跨越式突破，进而塑造更为智能、高效、可靠且可持续发展的电力行业新生态。这股科技力量不仅将助力电力行业从容应对能源转型的艰巨挑战，更将有力推动其在全球能源格局中稳步迈向智能化的崭新时代，成为引领能源行业创新发展的核心引擎与关键驱动力，为全球能源事业的蓬勃发展注入源源不断的强劲动力与创新活力，开启电力行业智能化发展的璀璨新征程，创造出更为丰富多元且意义深远的经济价值与社会效益，切实满足社会各界日益增长且不断升级的能源需求与服务期待，在全球能源发展的历史长河中留下浓墨重彩的创新篇章。

# 第二章

# 建设情况及典型做法

本章全方位展现国网河南电力人工智能建设情况及典型实践经验。聚焦人工智能领域打造“四个一”基础架构，分别为一个算力底座、一个基础平台、一套服务能力、一套运营机制。算力底座从资源扩容策略规划、动态监测体系搭建、组织权限精细管理、资源分配高效机制、审批流程严谨把控等层面详述保障算力高效稳定运行机制；基础平台深度解读样本、模型、训练及运行环境协同生态构建原理；服务能力聚焦模型全生命周期管理与样本全流程管控创新实践；运营机制阐述训练与运行环境融合路径、统一服务窗口多元运营策略及培训赋能体系设计，多维度呈现国网河南电力人工智能建设坚实基础与创新活力，为行业提供可借鉴建设范式与实践样本。

## 第一节　一个算力底座

### 一、算力介绍

#### （一）算力概念

算力即计算能力，在《中国算力白皮书（2022 年）》中定义算力是数据中心的服务器通过对数据进行处理后实现结果输出的一种能力。2023 年 10 月工业和信息化部等六部门联合印发的《算力基础设施高质量发展行动计划》（工信部联通信〔2023〕180 号）中指出算力是集信息计算力、网络运载力、数据存储力于一体的新质生产力。算力是现代信息技术基础设施的核心组成部分，决定了数据处理的规模与速度，系统的算力越高，处理数据的速度越快，能完成的任务也越复杂。

人工智能和机器学习计算所用算力有 GPU、TPU 和 NPU。GPU 在训练复杂的神经网络模型方面表现出色；TPU 是由谷歌设计，专门为加速其 TensorFlow 框架中的张量操作而优化，适用于大规模机器学习模型的训练和推理；NPU 是专为支持人工神经网络运算而设计，适合于边缘设备上的人工智能应用，实现高效能低功耗的 AI 处理。

#### （二）算力衡量

衡量算力服务器的核心参数主要包括算力、显存、GPU 架构。

算力是指每秒能够执行的浮点运算次数（floating point operations per second，FLOPS），通常以 TFLOPS（万亿次浮点运算）为单位进行衡量。算力值的高低直接影响到训练和推理的速度，是评估算力服务器性能的重要指标之一。

显存是 GPU 上专门用于存储图像数据的存储器，它的大小直接影响到 GPU 能够处理的数据量。在深度学习、科学计算等任务中，模型参数和中间结果的存储都会占用显存。因此，显存的大小是衡量算力服务器性能的另一个重要指标。同时，显存的带宽也会影响数据的传输速度，进而影响整体计算效率。

GPU 架构以拥有大量的、简单的、相同结构的计算单元为显著特点，这种架构天然适配于大规模并发处理任务。与 CPU 相比，GPU 在并行处理能力上有着显著的优势，但逻辑控制和数学运算能力相对较弱。因此，在选择算力服务器时，需要根据具体的应用场景和需求来权衡 CPU 和 GPU 的配比。

### （三）算力测算

为测算各业务场景所需算力，需明确模型参数大小、处理样本量、业务并发量等信息。根据专业业务场景特点等因素选择适当的模型参数规模，并根据日常业务量及业务时延敏感性，预估每秒查询率（queries－per－second，QPS）并发量以及目标处理时间等实际推理的需求。最后按照推理算力计算公式进行算力需求测算，即

$$\text{推理算力需求（TFLOPS）} \approx (\text{模型参数量} \times \text{单次请求的计算量} \times \text{QPS}) \div \text{目标处理时间} \div 10^{12}$$

式中　FLOPS——每秒浮点运算次数，本书要求中均为半精度浮点数（FP16）；
单次请求的计算量——估算值，表示处理单个推理请求所涉及的大致计算量，需根据实际的模型结构和测试数据不同单次请求的计算量估值供计算参考；
QPS——单位时间单位计算资源处理的（生成推理结果的）请求数据量；
目标处理时间——模型加载、数据预处理、模型推理及输出数据后处理的整体耗时。

通俗来讲，语义大模型几亿到几十亿参数单次请求的计算量约为几百亿次浮点运算（FLOPS）；几十亿到几百亿参数每请求的计算量约为几千亿次浮点运算（FLOPS）；千亿及以上参数单次请求的计算量约为几千至几万亿次浮点运算（FLOPS）。多模态大模型计算量约为语义大模型计算量的两倍左右。

测算示例：以 100B 参数级语义大模型为例，单次请求的计算量为 2500 FLOPS，QPS 并发量为 10，目标处理时间 1s 情况下。

### （四）算力使用

在使用算力过程中通过算力虚拟化、弹性伸缩技术实现算力的高效利用。

算力虚拟化是物理计算资源抽象化，并将其作为虚拟资源进行管理和分配的

技术，为用户提供十分之一粒度的需求分配和使用。这些虚拟环境可以独立运行，互不干扰，每个环境都能访问物理资源。通过算力虚拟化，提高了硬件资源的利用率和灵活性。

弹性伸缩是指根据用户的业务需求，自动调整算力资源的规模和性能。当业务需求增加时，系统可以自动增加算力资源以满足需求；当业务需求减少时，系统则可以释放多余的算力资源以降低成本。这种技术使得算力资源能够像弹性云一样，根据业务负载的变化进行动态调整，保证了业务的稳定性和高效性。

在算力服务中，算力虚拟化和弹性伸缩技术相结合，为用户提供更高效地利用和管理算力资源服务。同时，用户可根据实际需求，灵活调整算力资源的规模和性能。

## 二、算力现状

国网河南电力人工智能算力资源现有服务器 43 台，GPU 加速卡 184 张，包含常规模型推理卡 128 张（显存 16GB/张）、常规模型训练卡 24 张（显存 32GB/张）、大模型推理卡 32 张（显存 80GB/张），约 21PFLOPS 算力。主要用于专业模型、大模型、通用模型的应用。

专用模型方面，支撑安监、设备、营销等 6 个专业，安全风险管控监督、无人机自主巡检微应用、输电全景、营销现场作业等 21 个场景应用。

大模型方面，构建统一的大模型底座，共计使用 A800 显卡 8 张，目前可支撑 80 路并发。目前给通信、数字化、党建、发展、5186 客服等五个专业使用。

通用模型方面，共计提供三类十余种通用组件服务，提供人脸比对 1∶1、人脸比对 1∶$n$ 等人脸识别服务，支撑电力交易等业务应用；提供通用高精度文字识别、印章识别等光学字符识别（OCR）服务，支撑营销智能档案识别等业务应用；提供离线音频转写等语音识别服务，支撑商丘评标基地通话录音智能识别等业务应用。

## 三、算力管理

按照算力“申请、分配、调整、回收”建立全流程管控机制，确保“运行有保障、算力不浪费”。

1. 算力申请方面

算力资源需求部门在人工智能门户发起算力资源申请时，应同时提交项目立项证明。资源需求申请单须明确 CPU、内存、显存、存储资源等资源的需求总量及测算依据。

2. 算力分配方面

算力资源申请审批通过后，应在 3 个工作日内完成资源分配，以书面的方式将算力资源的 IP 地址、端口、操作员账号信息反馈给算力资源需求部门。针对国网公司或国网河南省电力公司有明确保障要求的核心业务（接入 i6000 监控），直接分配固定算力资源，确保模型运行稳定；针对普通业务，分配动态资源（最小为 3.2G 算力资源，最大审批通过的算力资源），按照平台算力弹性伸缩机制开展动态调整，提升 GPU 资源利用率。常规模型训练算力分配，根据模型计算量，分配固定算力资源。

3. *算力调整方面*

算力资源运营部门常态化开展算力资源监控，确保模型资源动态调整机制平稳有序开展。合理分析模型算力占用情况，如若发现异常，及时告知算力资源需求方开展模型优化工作。及时对算力资源利用率评估，当资源使用率超过 80% 时，应提醒模型方开展资源扩容申请；对利用率低于 40% 的资源，则提醒模型方，经协商一致后进行缩容。

4. *算力回收方面*

算力资源需求部门按照评审过的算力资源大小，在算力分配 1 个月内完成模型部署或常规模型训练工作，1 个月未开展模型部署或常规模型训练的，将进行资源回收。对模型已部署，但推理算力超过 2 个月未被使用的，提醒算力资源停用；超过 3 个月未被使用用的，直接下线。

算力资源申请流程如图 2－1 所示。

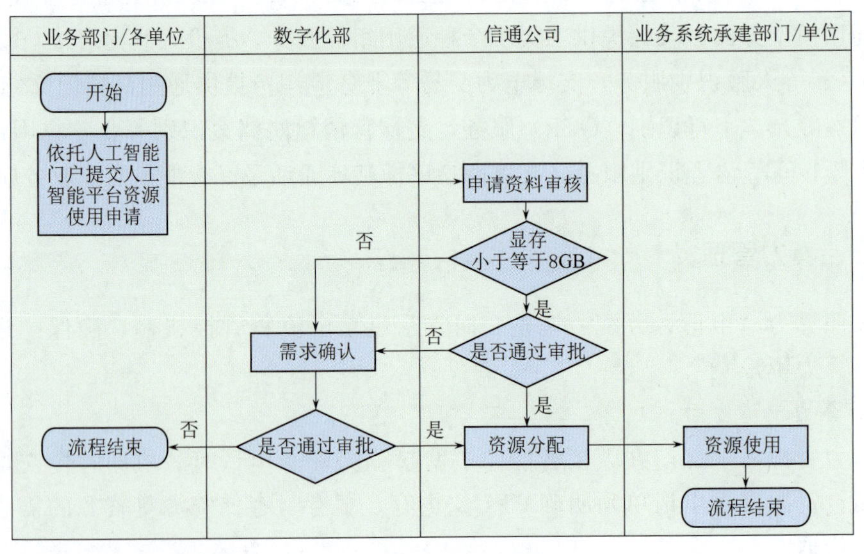


图 2－1　算力资源申请流程

# 第二节　一个基础平台

## 一、整体概述

一个基础平台是指人工智能“两库一平台”，它是指由样本库、模型库以及人工智能平台构成的综合体系。其中，样本库扮演着人工智能建设“原料基地”的角色，负责收集、整理并提供大规模、高质量样本数据集，这些数据集是训练机器学习模型的基础，对于提高模型的准确性和泛化能力至关重要。模型库则像是一个人工智能的“超市”，储备多种多样的通用算法模型以及针对电力行业特定需求定制的专业模型，用户可以根据实际应用场景选择合适的模型进行部署或进一步优化。而人工智能平台则承担了“工厂”的功能，它不仅提供了从数据预处理到模型训练、测试、部署等一系列工具和服务，还支持模型的持续迭代和维护，为用户打造了一个全面的一站式人工智能研发与应用环境，从而极大地提升了人工智能技术的研发效率和应用效果。以样本优化模型，以模型赋能应用，以应用反哺样本，构建共建共享的人工智能应用生态（图 2－2）。

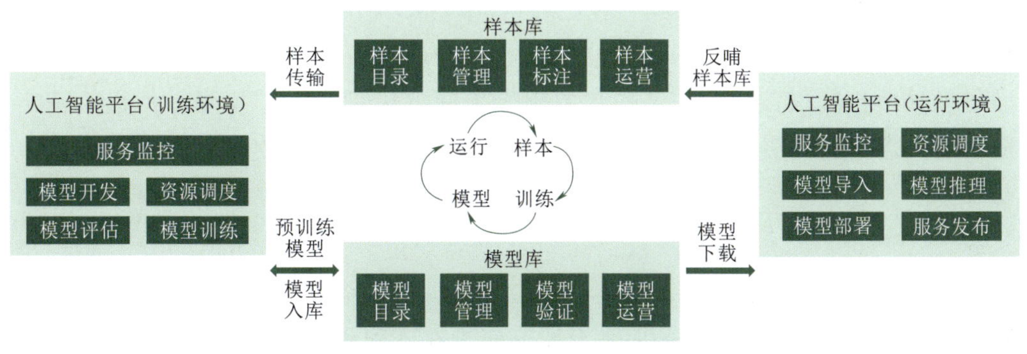


图 2－2　人工智能“两库一平台”应用生态

## 二、服务对象

面向人工智能应用的业务人员、模型开发人员、应用开发人员等不同用户（图 2－3），开展图像、视频、文本、语音等电力人工智能样本收集与标注、模型训练、模型评估，基于成熟模型为业务应用提供在线服务。

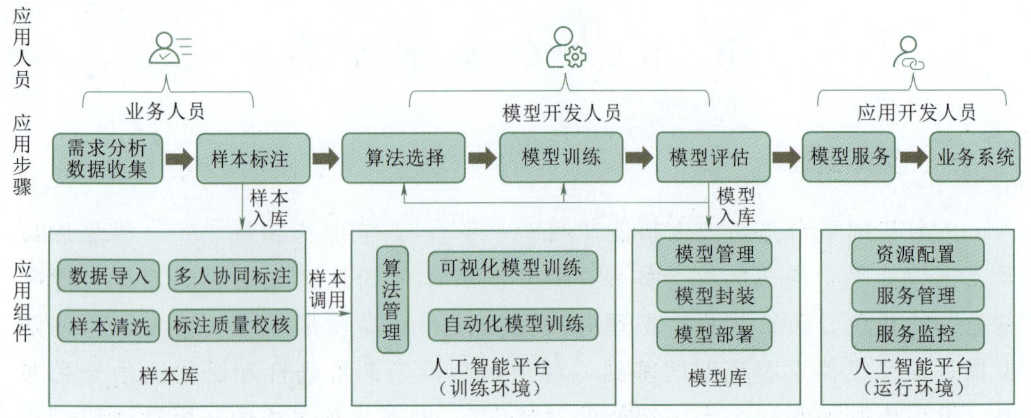


图 2－3　服务对象详情

## 三、模型库

模型库包括模型管理、模型服务、模型库运营、模型服务目录四部分。

模型管理方面，对人工智能算法模型统一管理，提供模型导入、模型分类、模型版本管理等功能，集中管理和维护所有的人工智能算法模型，确保模型的安全性和一致性。其中，模型导入方面，基于不同的训练方式，支持从预置模型调参导入模型、从 Notebook 导入模型、从自定义作业导入模型、从本地导入模型，模型库支持 PaddlePaddle、PyTorch、TensorFlow 等八类不同的 AI 框架，满足视觉、自然语言处理、结构化数据等不同的模型类型。模型分类提供基于标签或元数据的高级分类功能，帮助用户快速定位所需的模型资源。模型版本管理模块实现模型版本的跟踪与回滚，确保任何时候都可以恢复到稳定的工作状态。

模型服务方面，实现引擎封装、模型发布、模型下发等功能。引擎封装可将训练好的模型打包成可执行的服务形式，便于在不同的环境中部署和运行。这通常涉及容器化技术的应用，如 Docker。模型发布模块提供一键发布的功能，使模型能够迅速上线成为生产环境中的服务，支持云部署和本地部署两种模式。模型下发对于边缘计算场景尤为重要，可以将模型直接分发至边缘设备上执行，减少延迟并提高响应速度。

模型库运营方面，实现模型的使用审批、计量统计等功能，给用户更直观的展示，确保模型的应用效果。其中使用审批模块，引入审批流程来控制模型的使用权限，保证只有经过授权的用户才能访问特定的模型资源。计量统计模块记录模型调用次数、消耗的计算资源等信息。

模型资源服务目录方面，实现模型服务目录上传、目录同步、模型资源展示、模型资源订阅、模型资源审批等能力，实现与总部模型库的互联互通。支持建立公司级模型资源服务目录，汇聚和共享公司特色人工智能模型资源（图 2-4）。

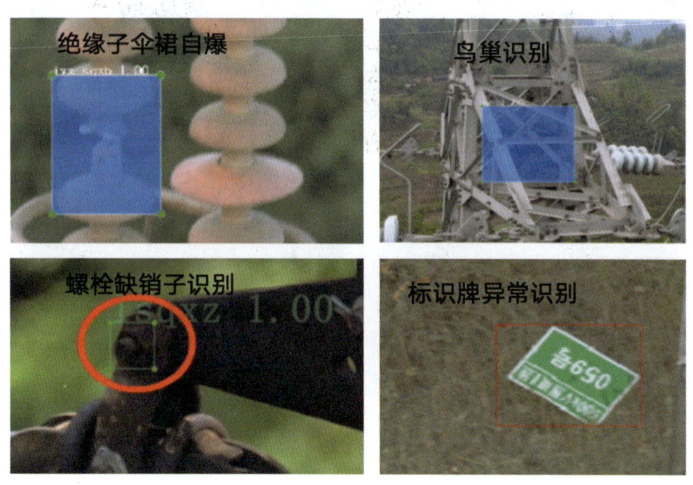


图 2-4　模型资源服务目录中的识别样例

## 四、样本库

样本库围绕人工智能开发过程中所需要数据导入、数据清洗、数据标注、数据回流等任务需求提供完整的数据服务，满足图像、文本、表格等数据在不同训练场景下的管理需求（图 2-5）。

数据导入方面，支持用户直接上传已标注数据用于训练，也支持用户上传未标注数据。

数据清洗方面，支持样本去重、样本质量检测，排除重复数据、低质量数据在模型训练过程中的干扰因素，获得更加精准和可靠的预测结果。

数据标注方面，依托智能标注与多人标注能力，将标注效率提升 80%，有效提高数据标注的速度和准确性。支持单图多标签、矩形框标注、单文本单标签、短文本匹配 4 种不同的标注类型，满足图像分类、物体检测、文本分类、短文本匹配等不同的任务标注需求。

数据回流方面，可将在线服务接收的请求数据进行保存，用户可以查看被保存数据的预测结果，并将保存的数据添加到训练模型的数据集中用于模型的迭代训练。数据回流功能完成了 AI 应用生命周期的闭环，通过初始数据完成模型训练和服务部署，利用新采集的线上数据不断更新模型。通过该方式可有效地解决线上数据特征漂移的问题。

图 2-5 样本库样本展示

## 五、训练环境和运行环境

人工智能平台包含训练环境和运行环境，训练环境可以看作“孵化田”，而运行环境作为“应用池”，现已支撑 20 余个电力场景应用，累计调用达 7000 余万次。

训练环境作为模型开发的基础，提供了从模型设计到评估的一站式服务，主要包括作业建模、自动化建模、可视化建模、Notebook 建模、算法管理、工作流（2-6），支撑模型开发及模型训练，其中模型开发提供了丰富的开发工具和框架支持，如 PaddlePaddle、PyTorch、TensorFlow 等，以及可视化的建模界面，方便用户快速构建深度学习或机器学习模型。模型训练利用高性能计算资源进行大规模的数据处理和模型训练，模块提供预训练模型及自定义调优等功能，用户可根据任务需求动态调整资源配置。内置多种评估指标和可视化工具，帮助开发者全面了解模型性能，确保最终部署的模型具有高准确性和可靠性。

运行环境专注于将经过充分验证的模型转化为实际生产力，主要功能涵盖服务管理、模型服务、应用管理、云边协同、服务运营。服务管理方面，提供模型和服务的全生命周期管理，包括版本控制、部署策略制定（云部署/本地部署）等。模型服务方面，集成监控系统以追踪服务状态、资源使用情况等关键性能指标，并通过日志分析辅助问题定位和解决。应用管理方面，支持多场景下的应用

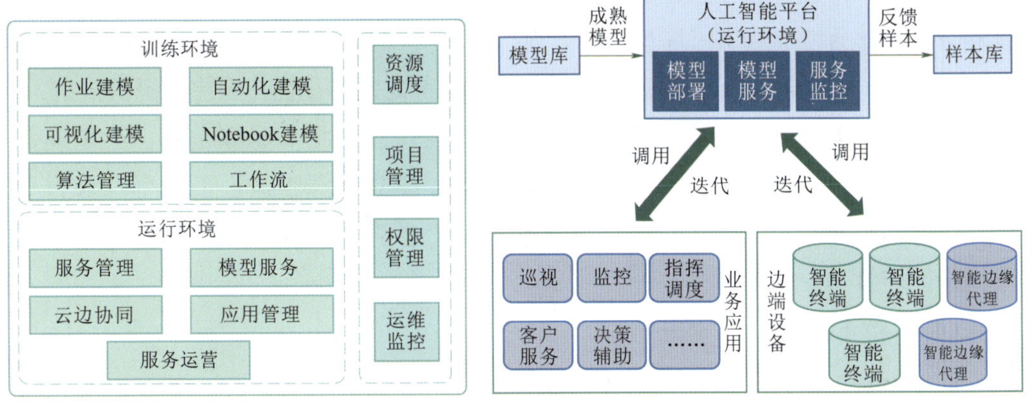


图 2-6　训练环境与运行环境功能清单及应用服务模式

集成，使得不同业务部门可以便捷地调用已发布的 AI 能力，促进跨领域的创新合作。云边协同方面，在云端集中管理和优化的同时，也能够将部分推理任务分发至边缘设备执行，减少延迟并提高效率，特别适合实时性要求高的应用场景。

# 第三节　一套服务能力

## 一、模型服务

### （一）模型归集

针对新建的模型成果，用户可基于人工智能门户一键上传模型代码进行成果提报，上传后的模型将实时同步至人工智能模型库，用户也可直接在人工智能平台上进行模型部署。通过对模型源代码和调用接口的调研梳理，实现模型的快速归集与分类。

在模型归集阶段，全面归集了来自各个专业领域的人工智能新增模型，并整合其详细的建设情况，包括但不限于安监、基建、设备等专业中用于图像识别、语音处理、自然语言理解等不同应用场景下的模型。这一过程中将记录每个模型的基本信息（如名称、版本、开发者），并详细记载模型的设计原理、技术架构、适用范围以及预期的应用效果等关键信息。

### （二）模型评估

在模型上线前，对模型的能力、性能进行全面的评测，以确保模型的研发成果能够满足用户的实际需求。这一评测过程涵盖了多个维度，包括但不限于模型的准确性、效率、稳定性等方面。基于业务场景的应用需求，通过对大量样本数据的测试和分析，评估模型在不同场景下的表现，出具详细的模型评测报告。该报告应包括模型的优点、不足以及改进建议等内容，为模型的进一步优化和完善提供依据。

在评估过程中，由于人工智能模型可能涉及敏感数据和隐私信息，必须确保模型的安全性符合国网的安全要求。此外，对于模型的误检率、发现率和误报率等关键性能指标，也要进行严格的测试和评估，以确保模型能够在实际应用中表现出良好的性能。

### （三）模型运营监测分析

在模型运营阶段，为了确保省侧模型的稳定运行和有效应用，需要对其运行环境进行实时监测和评估。运营人员密切监测用户发布模型的可用性，及时处理模型下线或不可用的情况，保障业务的连续性。通过对调用量、响应时长等运行数据的深入分析，从模型的完整性、正确性和响应时间等多个维度进行综合评估。

通过这些综合评估，及时发现模型存在的问题和潜在风险，配合模型建设部门采取相应的措施进行改进和优化，保证模型的后续可用性。此外，这些监测和分析结果还可以为模型算力资源的评估提供有力支持，根据模型的实际运行情况和业务需求，合理分配和调整算力资源，提高资源的利用率，降低运营成本，提升整体业务效率。

### （四）模型共享

基于人工智能门户发布模型服务目录，包括大模型、专用模型、通用模型等各类模型，为用户提供人工智能平台在运模型能力展示及体验，提高用户对在运模型能力的认知，促进人工智能能力的落地推广。已完成千问、ChatGLM 等六个语义大模型，安监、营销、输电等六个专业常规小模型的模型描述、应用场景、基本信息、案例介绍等信息展示及模型能力体验，实现模型的共建共享。

## 二、样本服务

### （一）样本归集

针对稀缺样本、定向样本等需求，面向基层发布征集通知，基层可依托人工智能微门户、i 国网微应用（快报表）双渠道上传通道，一键上传图像、文本、语音、视频等数据，并且实时同步至人工智能样本库，实现基层员工手中的零散样本快速归集。

针对大批量业务样本，打造实时数据采集链路，贯通安全风险管控平台、统一视频等业务系统，并利用关键帧抽取、去重、去相似度等样本工具，保留高价值图像，推动实时高质量样本快速积累。

创新性构建样本回流通道，基于人工智能平台数据回流功能，优化模型预测服务接口，推动平台在运模型数据自动归档入库，高效采集推理样本。按照“缺陷必留、正常选留”的方式，结合推理结果，保留缺陷样本以及去重、去相似度之后的正常样本，以避免存储资源浪费。

## （二）样本存储

按照“分层存储，分区授权”的方式，根据样本应用方向，创新构建“贴源层、分析层、训练层”三层样本存储体系，存放未加工、清洗后、标注后数据，各层级按照输电、安监、营销等专业进行分区管理，实现样本精益存储、有序归置、安全管控（图 2－7）。

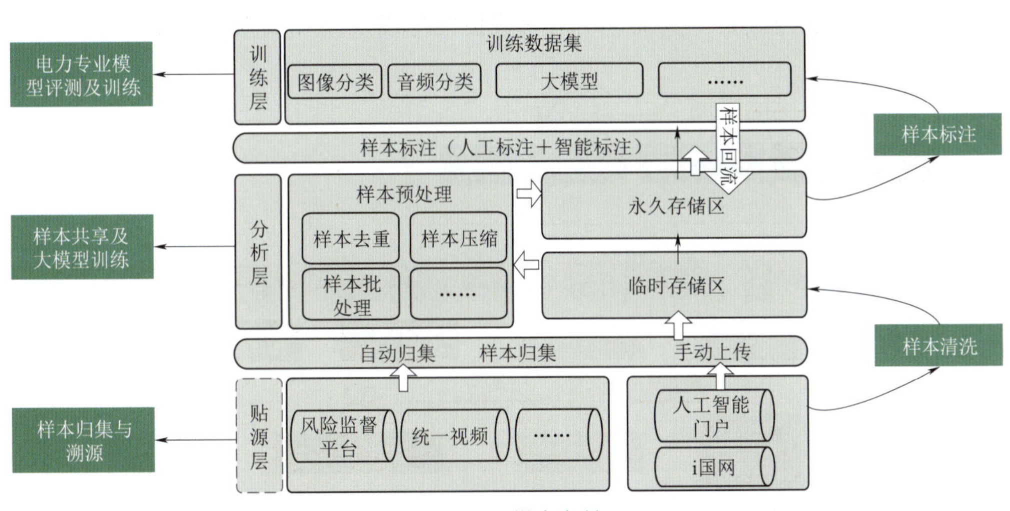


图 2－7　样本存储

## （三）样本标注

如图 2－8 所示，按照“产教融合、队伍锻炼、短期突破”的出发点，与电力高等专科学校电气学院、地市供电公司、外部标注机构建立 3 种样本协同标注渠道，遵循“样本不出内网”的原则，在电力高等专科学校、国网河南省电力公司信息通信分公司（以下简称“国网河南信通公司”）设立 2 处标注基地（图 2－8），可容纳 50 人共同标注，构建样本“标注组长初审、产业单位复审、运营团队抽查”三级样本审核机制，确保样本标注高质高效进行。

## （四）样本共享

发布样本数据目录，共计 40 大类 700 小类，支持样本在线预览和使用申请，

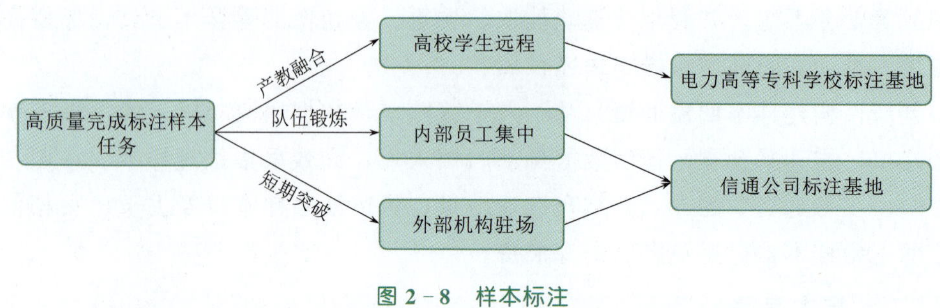


图 2－8　样本标注

同时实施分级审批，保障样本在总部、省侧安全有序共享，助推总部电力行业大模型建设及省侧细分专业模型构建和模型评测。

基于人工智能微门户发布样本服务目录，业务人员在线提报样本收集、去重、标注等服务需求，省市两级业务对接人在 2 小时快速响应，省市两级技术对接人在 2 天内出具样本服务方案，实现样本需求敏捷响应以及闭环反馈（图 2－9）。

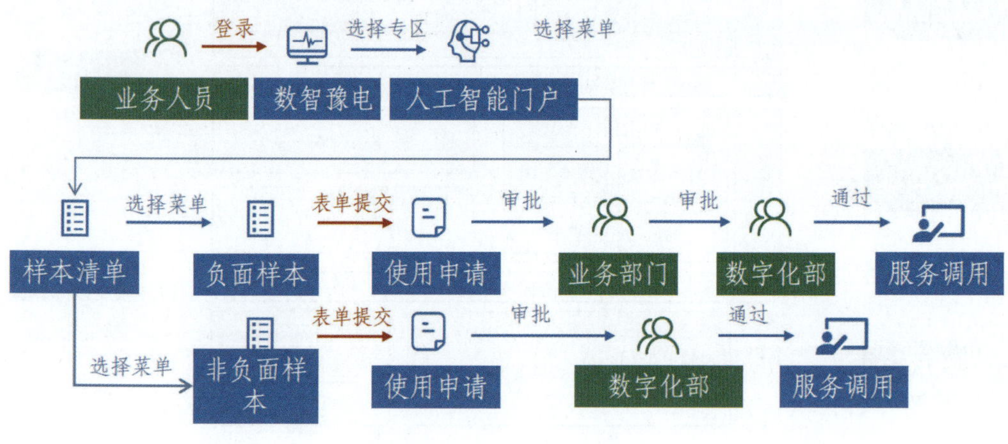


图 2－9　样本共享流程

## 第四节　一套运营机制

### 一、整体介绍

为落实国网公司加快推动人工智能规模化应用的工作要求，开展人工智能运营工作，推进人工智能与电网业务融合应用。完成人工智能训练环境和运行环境融合，实现样本标注、模型训练、模型运行、边缘推理等全流程贯通，提升人工智能平台易用性。

目前已实现人工智能统一服务窗口（图 2－10），上线能力清单、服务开放、学习天地、个人中心四大核心板块，发布 73 个算法模型、37 类专业样本、8 个应用案例和 148 篇知识文献。建立 RPA 统一台账，研发通用动作组件，完成 18 个地市供电公司 110 个 RPA 应用部署上线，推进国网河南电力 RPA 建运一体化、管理线上化、成果共享化。推进人工智能技术与电网业务深度融合，规范人工智能和 RPA 应用规范，配合国网河南电力发布《人工智能应用指导意见》和《流程机器人（RPA）建设及应用指导意见》，为人工智能应用体系打下坚实基础。通过在线公开课、应用研讨会等多种形式，共计开展 9 次培训，覆盖 18 家地市供电公司，累计培训 278 人次，提升市供电公司员工人工智能及 RPA 技术水平。

图 2－10　人工智能统一服务窗口

## 二、统一服务窗口

### （一）能力清单运营

依托人工智能门户和数字化能力开发平台，对人工智能平台模型和样本数据进行展示宣贯及模型能力体验。一是模型能力清单（图 2－11）管理，定期开展门户能力清单的信息统计收集，更新模型能力清单、模型信息、应用场景、案例介绍、在线体验、模型使用情况展示等工作。二是汇集样本管理，定期将人工智能平台共享样本按供服、安监、财务、设备、营销、基建、办公等专业和应用场景分类展示，定期更新样本内容及其相关描述信息，提供常态化数据使用申请和数据集发布服务。

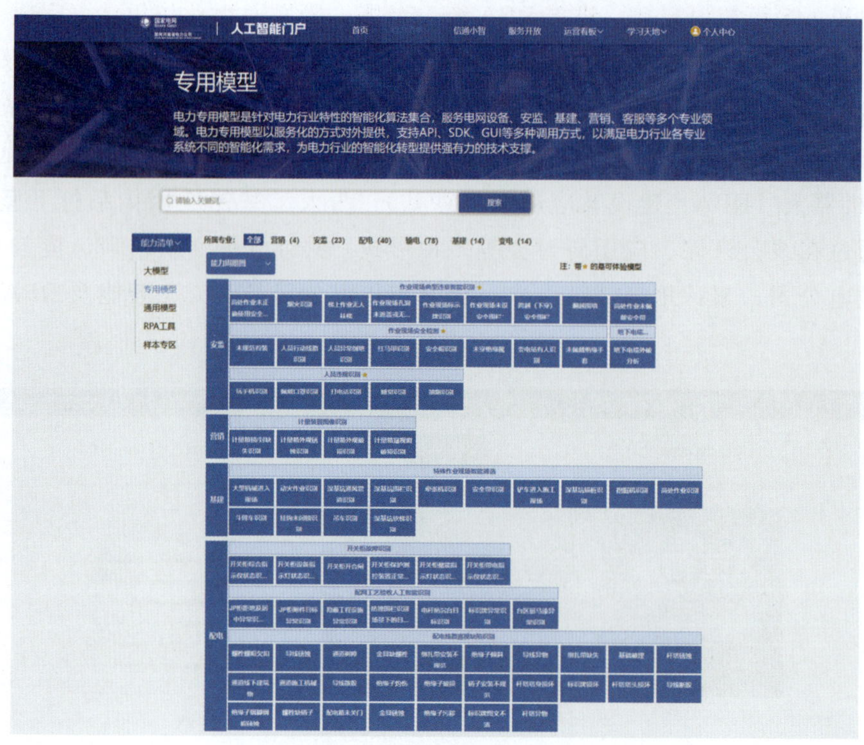


图 2－11　模型能力清单

## （二）需求运营

依托人工智能门户和数字化开发平台，结合国网河南电力业务发展情况，识别与人工智能相关的应用、资源、模型发布和样本上传等需求，助力各专业人工智能应用建设。具体工作涵盖以下几个方面：一是需求收集，按照既定的时间周期，通过多种渠道广泛收集用户对于人工智能的各项需求，并对其进行细致的归类与深入的统计分析，以便全面、清晰地了解用户需求的全貌和关键要点。二是需求评估，依据需求收集及分析的结果，明确切实可行的技术路线，在此基础上精心编制需求评估报告。该报告将作为后续项目可行性研究报告编制的重要指导依据，确保项目在技术层面的科学性和合理性，提高项目的成功率和实际效益。三是需求反馈，将需求评估报告与审批结果进行有机整合，及时、准确地向提出需求的相关单位进行反馈，使其能够清晰了解需求的处理进度、评估结果以及后续的工作安排，促进需求方与开发方之间的有效沟通与协作，推动人工智能应用建设项目的顺利实施。

## （三）应用动态运营

应用动态运营包含应用案例、活动中心（图 2－12）两个模块运营服务。在应用案例方面，通过定期收集和业务部门主动提供两种途径开展应用案例的使用技术、解决问题和成果成效等信息收集工作。对收集案例进行审核，对审核通过的案例进行整理、发布、维护等工作。在活动举办方面，协助数字化部策划、组织和宣传活动，提供活动的时间、地点、报名方式、参与人员要求等详细信息，在活动结束后，及时发布回顾总结，包括照片、视频和参与人员反馈等信息。

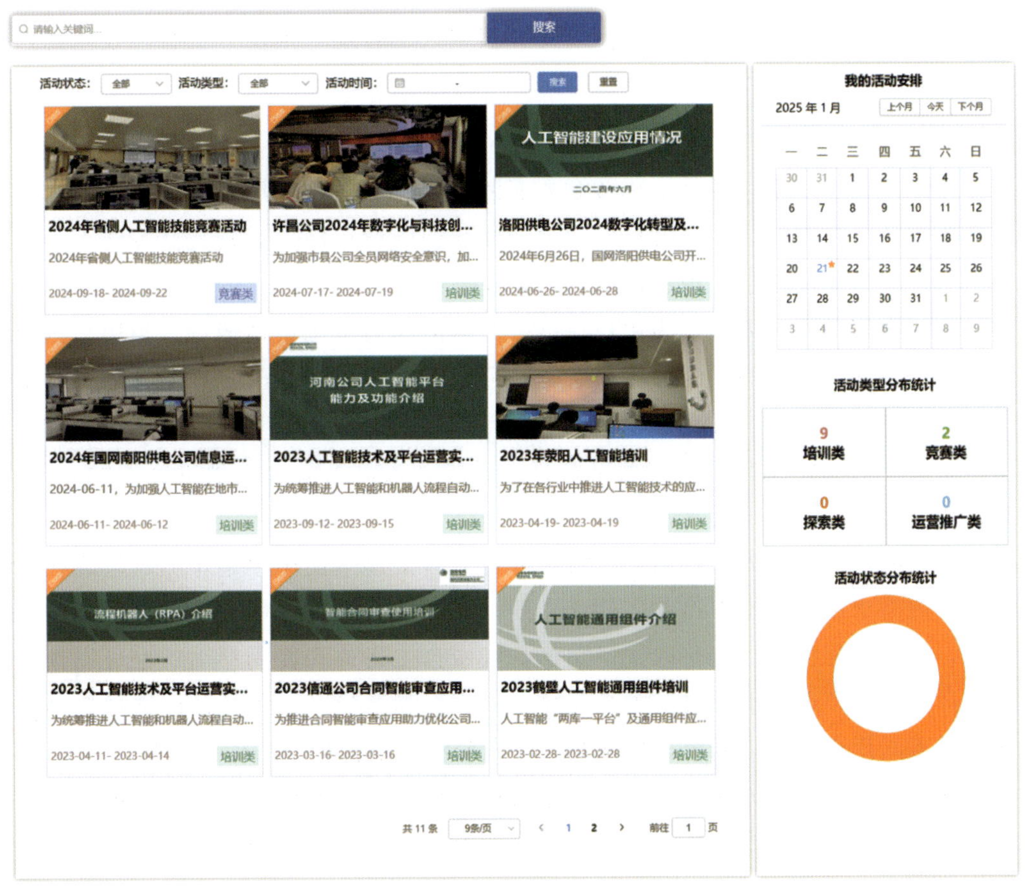


图 2－12　活动中心运营

## （四）学习天地运营

学习天地作为一个专注于知识传播与学习的模块，包含前沿资讯、知识文件以及科普视频等部分。

在前沿资讯运营方面，致力于为用户提供最新、最全面的人工智能领域的动态和信息。第一时间获取并发布人工智能领域的最新突破、技术进展、应用案例以及行业趋势等内容。在知识文件运营方面，对各类人工智能相关资料进行收集、整理和分享，并对文件进行分类和标签化管理，方便用户快速查找和下载所需的资料。这些文件包括但不限于核心算法、人工智能基本概念、软硬件技术、应用方向、人工智能相关文件等。在科普视频运营方面，通过生动形象的视频内容，向广大用户普及人工智能的基本概念、原理和应用。视频内容涵盖了人工智能的各个领域，如机器学习、深度学习、自然语言处理、计算机视觉等，既有面向初学者的基础入门教程，也有针对专业人士的深度技术解析。通过在门户上发布和推广这些视频，让更多的用户了解和理解人工智能，推动人工智能技术的广泛应用和发展。

### （五）用户运营

用户运营是一个涉及多个环节和方面的工作，旨在确保用户能够顺利地使用平台提供的各种服务，并保持良好的用户体验。门户的用户运营尤其关注算力资源管理、模型使用申请管理、样本上传管理等核心模块。

在算力资源管理方面，为用户提供了便捷的算力资源申请流程。当用户因项目或研究需求而需要额外的计算能力时，可以通过人工智能门户提交算力资源申请。提交申请后，用户可以在个人中心的需求服务管理中随时查看自己申请的进度，了解当前的处理状态。一旦申请获得通过，运营人员会迅速进行资源分配，确保用户能够及时获得所需的算力支持。

在模型使用申请方面，用户只需在平台上提交模型使用申请，随后便能在个人中心的需求服务管理中追踪申请的进度。一旦申请获批，用户既可以选择在线方式，在模型详情页直接获取接口文档，以便自主集成和使用模型；也可以选择联系运营人员，以线下方式获得必要的技术支持和指导。这种灵活的选择机制旨在满足不同用户的具体需求，确保其能够充分利用平台提供的模型资源。

在样本上传管理方面，用户可通过门户上传样本，上传后的样本会进行入库处理。用户可在个人中心样本管理页面查看上传后的样本，助力样本归集和共建共享。

# 第三章

# 电力人工智能应用集锦

在当今快速发展的科技时代，人工智能正以前所未有的速度和深度融入我们的工作与生活，成为推动各行各业变革的重要力量，作为科技进步的璀璨明珠，人工智能不仅代表着可在个人中心需求服务管理中查看算力资源申请进度，并对尚未审批过的申请进行撤回和修改的操作。技术的飞跃，更是推动社会进步、产业升级的关键力量。本章旨在通过介绍一系列具有代表性的人工智能应用实例，展示其如何在不同的业务场景中发挥重要作用，并带来显著的效率提升和价值创造。

本章精心挑选了 18 项核心人工智能能力，涵盖了从“察”（图像识别）到“做”（自动执行）的全方位智能实践，共计 34 个具体应用场景，每一项都是对人工智能潜力的一次深刻挖掘和成功实践。从输电无人机智能巡检的高空之眼，到客户服务中智能语音识别的温馨交互；从智能写作系统的高效创作，到安全防护领域的自动化响应；从文档识别的精准解析，到预测分析中的未来洞察——这些应用不仅极大地提升了工作效率，降低了运营成本，更在保障安全、优化体验、促进创新等方面展现了不可估量的价值。

每一个应用场景，都通过背景介绍、应用详情与成效总结的细致描绘，让读者能够深入理解每一项人工智能应用的背后逻辑、实施过程及其带来的显著成效，为读者提供了全面而深入的理解。通过本章的学习，读者不仅可以了解到人工智能技术的最新发展趋势，还可以获得启发，思考如何在自己的工作中融入这些先进技术，以提升工作效率和质量。同时，本章也为人工智能技术的研究者和开发者提供了一个宝贵的参考，展示了人工智能技术在实际中的应用效果和潜在的改进空间。

## 第一节 察——图像识别

### 一、输电无人机智能巡检应用

#### （一）背景介绍

输电线路是电力系统的“动脉”，线路规模逐年增加，输电线路常态化巡检可有效消除隐患，但存在巡线距离长、工作量大、人工巡线效率低的问题。为提升输电线路安全运行保障水平，可利用无人机开展线路巡检。传统手飞无人机巡检模式存在飞手经验依赖性较强、巡检自主程度不高、人工研判工作量大等不足，无人机巡检效率有待提升。

## （二）应用详情

通过“技术＋业务”双牵头，聚焦输电无人机巡检全环节、全链条解决需求问题，驻场攻关形成可复制可推广的典型设计，实施种子模型“揭榜挂帅”，分批次开展推广应用。截至2024年年底，已推广覆盖324家地市供电公司，初步实现“自主飞、实时传、智能判”。

1. 利用电力北斗实现“自主飞”

“自主飞”方面，全面应用人工智能等数字技术提升无人机飞行能力与拍照质量。攻关电力北斗三频解算算法，水平定位精度由17cm提升至5cm，海拔定位精度由17cm提升至10cm，平均收敛时间由5min缩短至20s以内（图3－1），支撑无人机自主巡检超30万架次；深化前端辅助识别技术，解决无人机拍照逆光、曝光等问题，采集图像质量合格率由87％提升至95％。

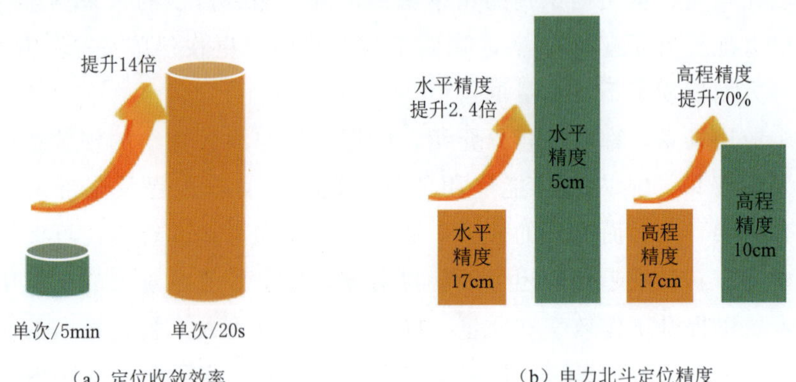


图3－1 “自主飞”

2. 利用5G技术实现“实时传”

“实时传”方面，推广图像压缩还原技术，实现压缩比10倍以上，优化网络传输与网闸配置，图像传输速率提高1倍以上；引入流媒体直播技术，解决接入兼容性与视频卡顿问题，实现超150路并发调阅；推广图像自动命名技术，实现自动按塔归类、标准化命名，图像处理时间缩短20％以上。

3. 利用人工智能技术实现“智能判”

“智能判”方面，联合设备部聚焦螺母安装不规范等5类危急严重缺陷遴选种子模型，开展“揭榜挂帅”集中攻关，缺陷发现率平均提升11.65％，误检比整体平均下降7.74。通过专项攻坚和规模推广，9大类64小类缺陷发现率平均为

88%，11类危急严重缺陷（共18类）发现率超90%，实用化水平进一步提升。“智能判”实际应用场景如图3－2所示。

图3－2 “智能判”实际应用场景

## （三）成效总结

依托无人机巡检采集图像，实现了输电线路缺陷高精度检测，降低了巡视图片查缺的工作量。通过输电线路检测算法，完成不同图片的初筛工作，实现了严重、危急缺陷的高精度检测，大大降低了航检员和质检员查看图片的工作量，达到了提质增益的目的。这一技术的应用提升了线路巡视作业的精细化水平，特别是在复杂场景下，能够实现对细粒度缺陷的检测，降低了因查缺人员注意力等人为因素导致的漏检风险，实现了对巡检图片的全面深入分析，进一步提升了作业质量。通过“自主飞、实时传、智能判”，基于电力北斗规划自主飞行路线，利用5G技术实时回传图像，构建输电线路图像缺陷自动辨识模型，平均缺陷发现率为88%，减少约40%人工登塔次数，有效提升30%作业效率。

# 二、计量现场智能运维

## （一）背景介绍

计量设备可精准记录用户的用电信息，是电力企业与用户之间电费结算的重要依据。计量箱信息采录工作中存在人工缺陷识别易受主观因素以及环境因素影响，根据国网公司人工智能规模化应用专项攻坚工作安排，聚焦于“计量箱数字化建档”全业务环节，开展计量箱缺陷识别模型、图像质量审核模型和箱表关系识别模型优化等专项攻坚工作，深入开展低压计量箱外观破损、外观锈蚀、窥视窗破损、锁/封缺失等缺陷分析，以减轻基层人员作业压力，提升在运计量设备现场巡视与完好性分析效率，推动计量箱综合治理进程，有效提升提高计量箱健康水平。

## （二）应用详情

围绕计量设备维护全业务环节，聚焦业务突出问题和需求开展利用人工智能技术支撑计量设备维护业务专项攻坚行动，深入“采、传、存、判、用”等关键环节，开展集中攻关，整体工作共分样本归集、模型训练、模型部署、结果应用四个阶段。

1. 样本归集

完善设备建档及样本采集，基于“两库一平台”以及低压计量箱建档工作开展过程中采录的大量计量箱外观照片，收集计量箱图像样本，通过清洗、梳理、分类、质量核查后对样本进行标准化管理；制定样本标注规范，构建计量箱样本标注管理体系，对样本进行分组，纳入人工智能平台进行样本归集管理。

图像采集质量管控，从源头提升图像采录质量，通过图像识别、经纬度水印等手段，实现照片溯源及质量即时审核，对虚假作业及现场拍照模糊（图 3－3）、过亮、过暗（图 3－4）、目标物不完整等情况即时过滤重拍。

图 3－3　图片模糊

图 3－4　图片过暗

2. 模型训练

持续模型训练及版本迭代，基于归集的样本数据，针对计量设备现场巡视中的设备故障识别需求，开展计量设备缺陷识别模型（表 3－1）的优化迭代，基于人工智能平台，通过调整模型的层数、节点数、激活函数等参数，优化模型的结构，优化模型的算法，开展模型训练，以及基于生成对抗网络的方法进行负样本训练，进而提高模型的泛化能力与适应性。

一是提升模型的准确率，基于现有计量箱缺陷模型的识别基础，针对不同种类的计量设备缺陷，考虑其位置、颜色等特征差异，进行数据不均衡问题的分析，并引入有效样本对现有模型进行迭代优化。二是提升模型的适用性，针对模型在特殊场景下识别效果差的问题，采集光线昏暗等特殊场景下的稀缺样本，经过清洗、梳理、分类、质量核查后，进行样本标注及模型优化。

模型迭代优化，主要从稀缺样本扩充、模型准确率提升、模型适用范围拓展等方面，推动图像质量识别类模型、计量箱缺陷识别类模型、箱表关系识别类模型升级。

**表 3－1　　计量设备缺陷识别模型**

| 序号 | 模型大类 | 模型种类 |
| --- | --- | --- |
| 1 | 图像质量识别类 | 过亮/过暗 |
| | | 过小 |
| | | 模糊 |
| | | 计量设备不完整 |
| 2 | 计量箱缺陷识别类 | 外观破损 |
| | | 外观锈蚀 |
| | | 窥视窗破损 |
| | | 箱门缺失 |
| | | 锁/封缺失 |
| | | 接线规范性 |
| 3 | 箱表关系识别类 | 金属/非金属 |
| | | 计量箱行列数 |
| | | 电能表目标物 |

3. 模型部署

完成样本质量审核模型和计量箱缺陷识别模型云边协同技术验证，基于深度学习框架安装相关的依赖项和库，将深度学习框架、模型、依赖等打包成docker镜像部署在人工智能平台。完成图像质量审核与计量箱缺陷识别功能在“两库一平台”（云端）的环境部署，并提供服务接口，供微应用在建档过程中进行远端调用。

4. 结果应用

将图像识别结果（图 3 - 5）与缺陷整改流程对接融合，推动计量设备缺陷整改业务流程的顺利开展，形成集计量设备信息采集、缺陷自动辨识、现场整改的一体化闭环管理方案，从而提升整体运维效率。

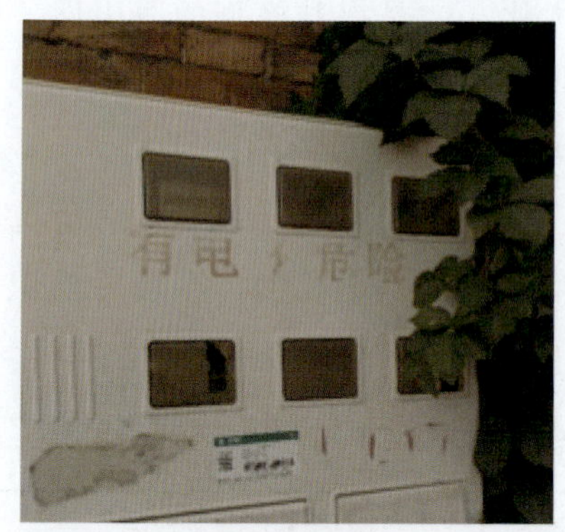


（a）窥视窗破损

（b）无箱门

（c）箱体破损

（d）箱体锈蚀

图 3 - 5　图片识别结果

## （三）成效总结

基于现有图像采集、传输、存储、调用的智能应用模式，拓展和优化智能化应用场景，推动图像识别技术深度嵌入计量箱数字化建档业务流程。一是提升计量箱缺陷识别和运行品质分析能力，图像质量审核模型研判平均准确率为 81%，计量缺陷平均识别准确率不低于 90%，箱表关系识别模型的准确率不低于 82%。二是充分利用人工智能技术，将现场巡视和缺陷整改工作对接融合，优化业务流程，加强闭环管理，形成信息采集缺陷辨识、现场整改的一体化闭环管理方案，提升整体运维效率。

# 第二节　视——视频分析

## 一、现场作业智能管控应用

### （一）背景介绍

现场作业管控是指管控人员通过现场监督、视频远程监督等手段，判断违章行为、作业风险，管控作业进度和质量。电力公司每年开展大量设备检修、电网建设工作，现场作业存在点多面广、作业环境复杂等特点，仅通过人工监督，效率较为低下，难以覆盖全作业、全场景作业现场，且实时预警手段不足，亟须通过人工智能等技术手段提升现场作业管控智能化水平，保障现场作业安全有序。

根据《国网数字化部　安监部关于印发〈人工智能支撑安监业务规模化应用推广实施方案〉的通知》（数字技术〔2023〕38号）要求，为加强人工智能技术与安全监督业务深度融合，需推进数字化安全监督持续深化。

### （二）应用详情

通过图像识别、人脸识别等人工智能技术融合应用，依托智能视频终端、智能工器具等智能装备，充分发挥统一视频平台、“两库一平台”等技术中台基础服务能力，实现模型统筹纳管和样本回传汇聚，打造现场作业智能管控应用，智能识别人员作业违章和现场安全风险，优化现场作业管控模式，提升现场作业安全管控效率和覆盖率。智能管控流程如图3－6所示。

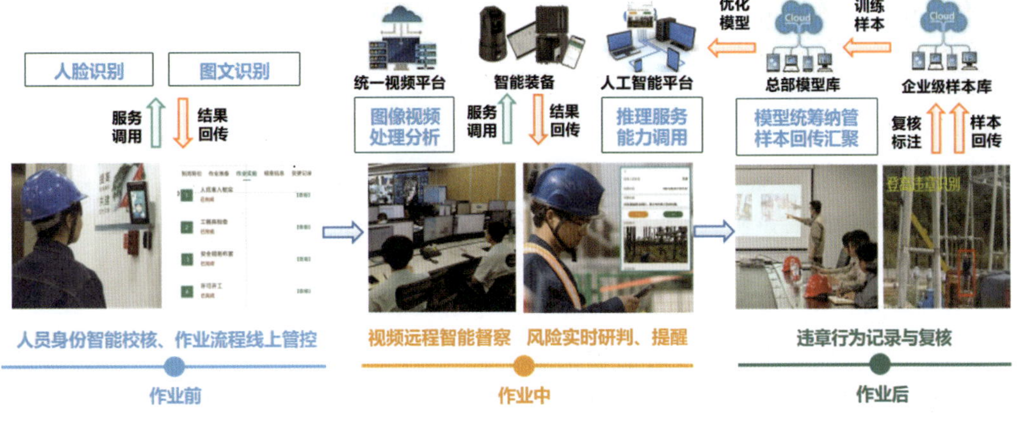


图3－6　智能管控流程

1. 提升基础支撑能力

（1）系统集成建设。

按照“采、传、存、判、用”的全链条管理思路，深入研究技术路线，开展风险监督平台与人工智能平台链路全面贯通工作，实现各系统间的高效集成应用。

（2）技术中台支撑能力提升。

统筹算力资源，针对安监业务实际应用情况开展人工智能平台算力资源需求评估、资源分配等工作，满足规模化应用资源需求。同时，验证云边协同能力，基于人工智能平台的智能边缘功能，验证模型下发至物联平台和边端设备的能力。此外，强化图像分析能力，开展视频清晰度检测、黑屏、雪花条纹、抖动等异常情况分析模型建设，从而进一步完善平台分析能力。

（3）样本链路建设。

建设样本管理机制，制定从样本命名、入库标注、审核到共享等的全流程管理规范。打通样本归集链路，开展人工智能平台样本库与风险监督平台的接口对接工作，实现样本自动归集。完善平台两级共享机制，贯通省侧与国网公司两级样本库，实现安监专业样本的共建共享。

（4）安监高质量样本归集。

按照统一样本采集、命名、上传、标注要求，通过算法识别结果、违章人工查处、剧本演绎等手段，开展安监专业样本集建设工作，完成一批高质量样本的归集。

（5）安监专业模型建设。

入库总部统推模型，部署国网公司下发成熟模型到省侧人工智能模型库；同时，入库省侧自建模型，归集自建类安监专业模型，完善模型库。最终贯通两级模型库，实现国网公司与省侧人工智能平台的无缝对接贯通工作，支撑两级平台模型的上传和下发。

（6）模型管理能力提升。

开展统推模型和自研模型的统一纳管，进行统一的模型封装、测试评价和版本管理，实现算法持续调优。

2. 典型场景规模化推广应用

（1）作业现场典型违章智能识别。

依据不同场景制定并实施差异化的技术路线，完成国网公司统推的10种违章识别算法的部署实施，包括高处作业未佩戴安全带、高处作业未正确使用安全带、梯上作业无人扶梯、作业现场孔洞未遮盖、未设置安全围栏、未设置安全标示牌、跨越或下穿安全围栏、未佩戴安全帽、未佩戴绝缘手套、未规范着装。结合实际情况，梳理算法现状、拓展算法种类，并结合推广应用的实际和业务需求，增加部署 5～10 种研究违章识别算法（图 3－7），提升远程安全督查覆盖率和违章查纠率。

图 3－7　违章识别算法

（2）安全准入质量智能管控。

开展人员安全准入照片智能校核和特种作业人员资质自动核查统推场景部署，打通内外网资质验证通道，并与自建 OCR 证照识别功能融合，形成安全准入质量管控专题特色应用。在此过程中，加强作业人员准入照片规范性审核、特种作业人员证件真实性校核，从而进一步强化作业人员安全准入的合规性管控。

（3）变电站“无计划作业”智能研判。

开展变电站“无计划作业”智能研判统推场景部署实施。同步开展同类自研算法调优，在识别人员的基础上，新增施工机械、施工围栏等特征识别，以改进算法可用性。通过自动抽取变电站内视频图像，研判分析站内疑似作业行为，从而实现变电站内“无计划作业”违章智能查处。

（4）特殊作业现场智能筛选。

开展大型机械（吊车、斗臂车）施工作业检测、高空作业检测、输电线路三跨作业识别检测统推场景部署实施。实现特定作业现场快速筛选，辅助安全督查人员开展针对性远程督查。

（5）作业视频质量自动诊断。

开展作业视频质量的自动诊断组件和模型部署实施，实现信号丢失、黑屏花屏、画面模糊、未拍摄现场作业内容、遮挡镜头等问题的智能识别与告警，为远程视频督查提供基础条件。

### （三）成效总结

一是在作业现场的监督管理方面，通过引入人工智能模型分析技术，实现作业现场典型违章智能识别和安全准入图片智能校核 2 个典型场景的推广应用，有效缓解了因需大量人力资源而带来的压力，提升现场作业的安全监督水平。该技术能够快速识别潜在的安全隐患，提高整体风险控制能力，从而有效减少违规操作的发生。二是解决安全准入核查依靠安全监督人员逐个比对耗时费力问题，实现变电站“无计划作业”智能研判、特殊作业现场智能筛选、作业视频质量自动诊断三个典型场景，通过自动化、高效化的安全准入审核流程，缩短审核时间，提高审核的准确性和效率，为作业安全提供了更加坚实的保障。

## 二、视频质量监测分析

### （一）背景介绍

随着统一视频平台接入设备日渐增多，清晰度低、黑屏、雪花、条纹等质量不佳的监拍画面频发，导致人工检测效率低、难以及时发现隐患、易出现漏检问题。根据《国家电网有限公司人工智能技术应用 2022 年工作方案》和《新一代人工智能发展规划》（国发〔2017〕35 号）的要求，基于人工智能平台提供的模型运行环境和算力支持，深化人工智能平台与统一视频平台及各专业业务系统的规模化集成应用。因在安监、基建、设备、营销等业务领域，存在大量工作规范性、设备安全性巡视需求，需要开展基于统一视频平台的人工巡视工作，但这导致了人力投入量大和巡查及时性差的问题。因此，亟须结合人工智能技术，提升图像视频算法模型的实用化水平，以提高工作效率，降低巡视和维护工作量。

### （二）应用详情

打通人工智能平台与统一视频平台之间的视频数据传输链路，提升两个平台的服务能力，深化并完善视频抽帧服务和链路可视化监测服务，提升高质量样本归集能力。同时，推进基建、设备等专业智能分析场景的样本采集工作，深化人工智能平台与统一视频平台及各专业业务系统的集成，并推动其规模化应用与推广。

1. 构建视频图像分析应用

打通人工智能平台和统一视频平台视频数据传输链路，提升两个平台的服务能力，从统一视频平台取流抽帧，实现样本的采集、加工、分析、存储工作流，向统一视频平台推送画面质检和模型告警结果，支撑统一视频平台和设备部定期开展监拍设备的在线情况、老化情况、故障情况等分析需求。样本工作流如图3-8所示。

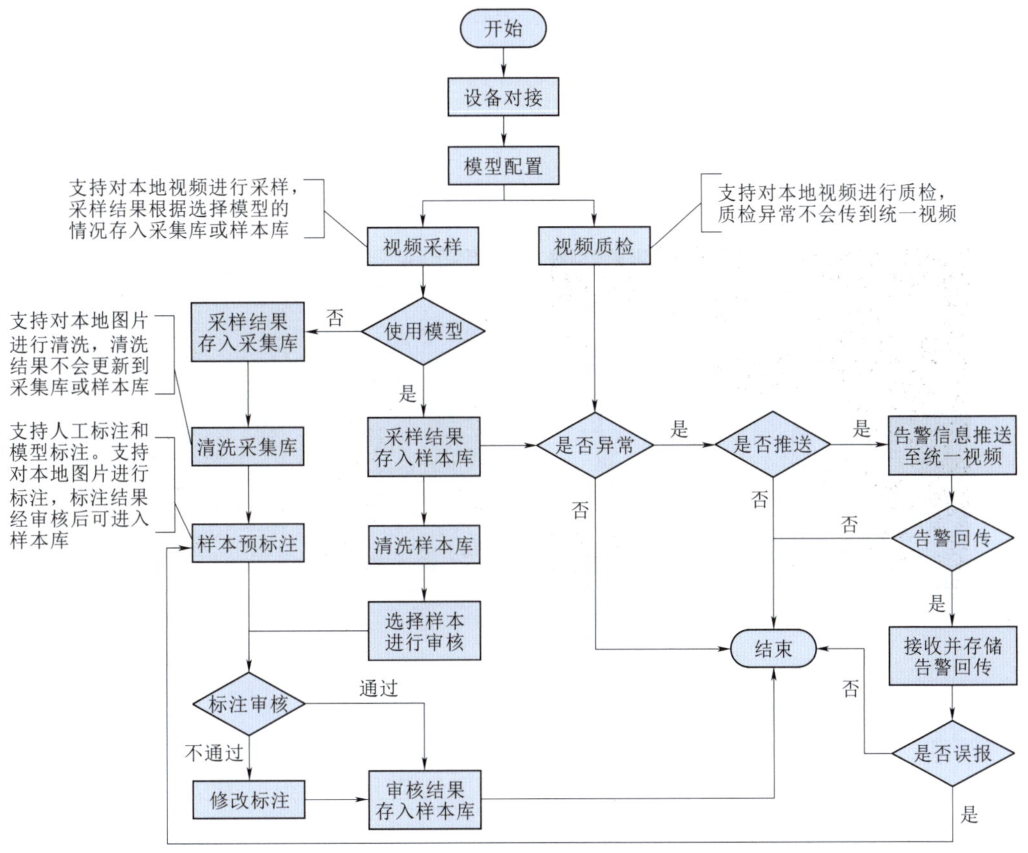


图3-8 样本工作流

2. 贯通视频分析链路

深化完善视频抽帧服务和链路可视化监测服务，提升高质量样本归集能力，实现样本自动化采集、自动化清洗以及智能预标注功能，去除质量差、重复度高等低质量样本，自动向人工智能平台实时归集高质量图像样本。

基于人工智能平台纳管模型进行智能样本采样，可以根据采样需求自定义配置采样任务的时间间隔、采样模型选取，支撑个性化采样任务，累计采集样本30万张。基于md5、画面相似度判断技术对同一设备、视频文件、大批量样本文件等多种清洗需求的样本重复情况检查，累计检测处理49万张，支撑高质量样本归集工作。

设备采样清洗环节，实现对设备实时抽帧采样任务中进行多帧画面前后内容重复识别，减少无效样本数量，减轻储存压力。视频文件清洗环节，实现自定义配置清洗模型，对上传的视频文件清洗出想要获取的样本（如人、车、物）。大批量样本文件清洗环节，实现针对 obs 指定目录下大批量图像样本文件的 md5 重复校验、图像向量相似度分析等清洗能力，提升归集样本质量。

3. 持续优化分布式抽帧、智能采样、画面质检模型

实现集中调度各种抽帧技术，通过分布式多线程并行处理，高效抽取海量样本数据，从而提升样本采集效率。基于人工智能平台纳管模型，实现样本预标注功能，提升样本标注效率。实现对画面中黑屏、雪花、条纹、偏色、遮挡等干扰信息（图 3－9）的识别，提升样本归集质量。

（a）过暗

（b）条纹

图 3－9 画面过暗、条纹

### （三）成效总结

一是实时监测视频信号、清晰度、镜头聚焦情况等，实现采集、传输、归集全链条的可视化，推动多业务领域高质量样本归集工作。二是通过视频抽帧服务，以及自动化清洗、智能采样服务、样本预标注等样本加工全流程自动化功能，支撑全天候、自动化的图像样本归集工作。三是依托统一视频平台，结合人工智能技术，扩展模型服务覆盖业务范围，通过视频智能分析和告警服务，提高工作效率、降低巡视和维护工作量。

# 第三节 听——语音识别

## 一、会议转写及纪要生成应用

### （一）背景介绍

传统人工记录会议存在任务繁重、效率低下等问题，在日常会议办公场景中，针对会议记录需求，亟须运用人工智能技术将语音内容实时转换成文字，并

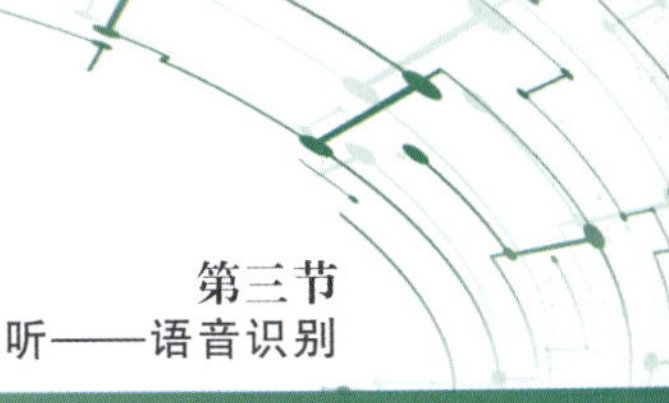



自动生成文稿或生成字幕。语音识别技术广泛应用于会议、访谈、日常交流、演讲、自由撰稿、客服录音等多个应用场景，避免了重复工作和信息遗漏的问题，节约大量工作时间。同时，释放会议记录相关人员的生产力，降低重复性劳动，能够投身于更多有价值的事务中，进而提升了业务效率与经营效益。

### （二）应用详情

1. 语音转换与分类

利用语音大模型实现语音转文字包含四个方面。一是对输入的音频信号进行预处理，包括预滤波、采样、模/数转换、预加重、分帧加窗、端点检测等操作，生成标准输入数据，为实现语音模型匹配提供基础数据支撑。二是从预处理后的音频中提取特征向量，并选择适合的深度学习模型进行训练，以提高识别的准确。三是进行后处理，实现对专有名词、缩略词的正确识别和处理，以及根据上下文对模糊词汇进行澄清。四是将语音转文字的功能整合到会议转写及纪要生成应用中，当用户上传会议录音或实时录制会议时，系统自动调用语音大模型进行转写，并结合自然语言处理技术生成会议纪要，提取会议的关键信息，自动生成结构化文档及待办任务列表，从而提高会议记录的效率和质量。

2. 会议纪要生成与内容分析

为实现高效的会议纪要生成和内容分析，采用深度学习技术，结合大规模训练数据和强大的语义理解能力，部署基于办公场景的私有化大模型引擎。该引擎具备多风格、多任务的长文本生成能力，以及多层次的语言理解、开放式知识问答及逻辑推理功能。通过这一引擎，系统能够智能地从参会人员的原始发言中深度提炼出关键信息，精准概括会议的主题思想，并自动生成逻辑清晰的会议摘要（图 3－10）。此外，系统可依据预设的会议纪要模板，对提取的信息进行结构化编排，快速一键生成详细的会议纪要文档以及待办任务列表，极大地提升了会议记录的效率和质量。

3. 文档优化与提炼

利用自然语言处理技术对文本内容进行拼写检查、语法修正和同义词替换，确保语言的准确性和流畅性；提取会议中的关键词、主题和观点，生成结构化的小标题和概述，方便快速浏览；同时，自动识别并提取会议中的任务和行动项，生成详细的待办任务列表，包括责任人和截止日期。通过这些方法，应用能够生成高质量、结构清晰、易于管理的会议纪要文档。

4. 敏感词屏蔽

通过建立各类敏感词的词库，在会议录音转写成文本的过程中，实时检测并

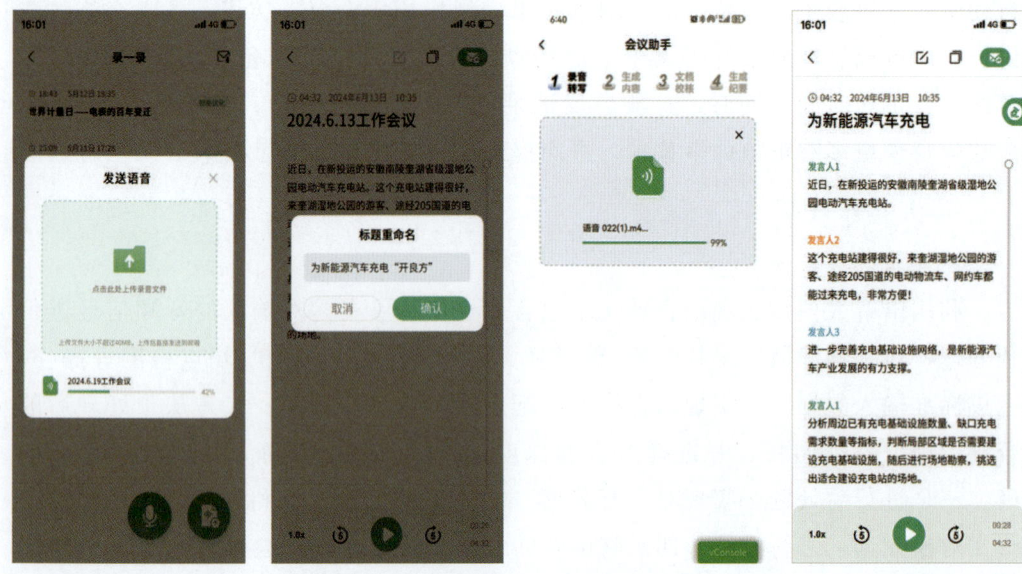


图 3－10　会议纪要生成流程

匹配敏感词。一旦发现敏感词，系统会自动将其替换为星号或其他预定义的符号，或者直接删除，以确保生成的会议纪要中不包含任何不当内容，有效防止敏感信息泄露，保障文档的安全性和合规性。

### （三）成效总结

该案例取得了两方面成效。一是大幅提高了会议效率。传统的会议记录方式依赖于人工速记，不仅耗时费力，而且容易出现遗漏和错误。通过自动化转写和纪要生成技术，系统能够实时将会议录音转换为文字，自动生成结构化的会议纪要，使参会人员能够更加专注于会议内容，提高会议的整体效率和参与度。二是提升了会议纪要准确性。基于深度学习的语音识别和自然语言处理技术，能够更精准地捕捉和理解会议细节，减少人为错误，通过高精度的文本分析能力，系统能够智能处理多音字，确保生成的纪要内容准确无误。

## 二、供服通话录音质检

### （一）背景介绍

供服通话录音主要采用人工质检方式进行，存在覆盖率低、精确度差、工作效率低、主观影响因素高等问题。随着电力行业业务发展，电力管理更加精细化，用电用户对电力公司的服务速度及服务质量都提出了更高的要求，面对特殊情况下大量用户反馈问题或紧急情况时候，人工质检大大降低了工作效率，导致用户等待时间过长，用电体验不佳，同时给电力公司造成负面影响。因此，亟须研究新形式的语音识别和视频检测技术，以支撑客户服务工作。基于对客户需求实时性和个性化的采录，以及大范围用户集体诉求分析，通过运用语义理解、语音合成、知识检索等能力，精准识别客户办电诉求，通过分析海量数据精准捕捉客户的诉求和需求（图 3－11），实现业务快捷办理，为用户提供高效业务办理体验，达到降本增效的目标。

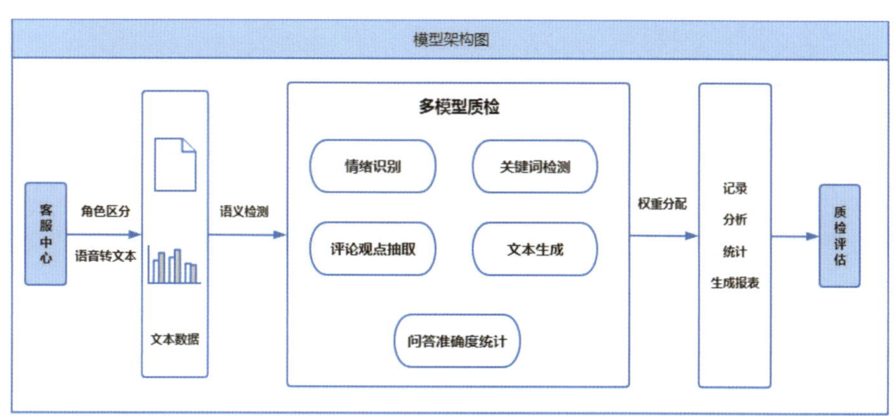


图 3－11　模型架构图

## （二）应用详情

明确各项质检指标标准，利用智能质检技术，设定质检定时任务及指标阈值，自动生成质检报表，实现对用户服务过程的智能质检。应用语音识别、自然语言理解、知识图谱等人工智能技术，提供具有意图识别、上下文理解、知识库智能学习服务，减少人力成本，提高客服效率，为用户提供快速精准的标准化服务，实现客户服务精益化管理。

1. 客户诉求精准分类

通过采用智能语音分析技术，实现对客户反馈自动分类，包括识别负责处理该问题的具体部门、问题所属专业领域、客户反映具体事件及核心诉求点，减少传统人工分析所需时间和成本，确保客户本质诉求精准捕捉与高效溯源。通过智能化分析最快地响应客户需求，提升服务质量和客户满意度，提升业务受理质效，缩短业务受理时长。

2. 关键信息提取与用户行为分析

通过运用智能语音分析技术进行关键词提取，智能客服主动引导客户明确其所需的业务类型。拨打服务热线或使用在线客服时，智能客服会根据客户的初步描述，利用语音识别技术捕捉并分析其中的关键信息。智能客服将基于这些关键信息提出一系列针对性的问题，帮助客户逐步澄清和明确他们的实际需求（图 3－12）。

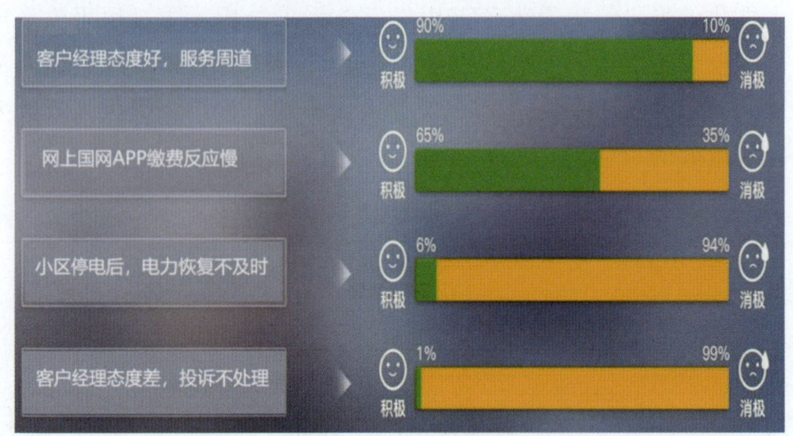


图 3－12　关键词提取与用户行为分析

通过语音语义分析技术，实现频繁停电、电量交费、业扩等典型场景下的基础关键信息提取。其中包含频繁停电工单抽取停电类型、停电原因、停电次数、责任部门、停电电压等级等信息；电量电费和营业业扩工单抽取诉求一级原因、诉求二级原因；基础信息抽号码错误原因、处理方式；精准抽取处理端诉求产生的关键因素，研判诉求产品背后的深层次原因。

数据采集整合环节，从多种数据源中采集和整合客户信息，包括基本信息、历史交易记录、兴趣爱好等，为后续个性化服务和推荐提供数据支持。

语音交互识别环节，通过语音合成技术和语音识别技术，该系统能够实现接收用户语音输入，并将其转化为文字信息，以便后续的自然语言处理和分析。

自然语言处理和语义分析环节，通过理解和分析自然语言文本，识别用户的意图和需求，提供更加精准和个性化的服务。

知识图谱和智能推荐环节，基于知识图谱技术，将大量知识信息进行结构化和关联化处理，提供更加全面和准确的答案和建议。同时，根据用户需求和兴趣，自动推荐相关的产品和服务信息，提高销售和服务的效率和质量。

### （三）成效总结

通过构建电力行业语音识别模型，语音识别综合准确率达到 85%；语义理解方面，结合对话的环境和上下文内容实现多轮对话语义理解，专项业务意图识别准确率达到 90%；知识处理方面，依托知识图谱技术，为知识库中的知识建立关联关系，支撑对海量知识数据的高性能检索服务。通过智能质检，实现供服座席服务过程客观评价，质检效率提高3倍以上，实现语音识别转写、情绪识别、问答准确度统计在用户和座席角色全覆盖。

## 第四节　答——智能问答

### 一、发展专业政策智能问答

#### （一）背景介绍

目前发展专业智能化应用欠缺，业务人员覆盖范围较小，且未能有效实现将发展业务应用与平台通道打通，发展专业所需专业知识、数据依赖人工从互联网途径获取，本地大量机密历史文件检索困难，整体智能化应用欠缺。为了后续推广人工智能技术应用，实施发展专业管理，以发展专业实际问题为导向，依托人工智能“两库一平台”及知识图谱、自然语言处理等通用组件，解析国家能源局、国家电网新能源云系统、国家发展改革委等的政策知识，构建发展知识库并基于网上电网实现知识检索、智能问答机器人等业务应用。基于网上电网开展省级发展专业人工智能试点工作，解决查询信息工作量大等现状问题，打造关联分析应用，提升规划作业和统计分析效率。

#### （二）应用详情

依托知识图谱组件和自然语言处理技术建成发展政策知识库应用，提升规划作业和统计分析效率，释放数字新技术对发展专业的质效提升价值，促进电力公司数字化转型纵深发展。

1. 发展专业知识图谱体系构建

基于知识图谱组件信息抽取技术，解析国网能源云、国家发展改革委、能源办等政府网站的政策文章，进行图谱目录结构设计，根据政策的发布背景、涉及内容、设计地域、涉及子领域的名词等数据进行内容提取，自动化构建并存储在图数据库中。发展专业知识图谱体系构建如图3-13所示。

2. 智能问答机器人

智能问答机器人如图3-14所示。一是针对发展专业知识文件开展数据处理，采用了正则表达式、自定义规则等手段，筛查文档中的异常符号等无关内容。二是利用大语言模型与检索增强生成技术的深度融合，使之能在庞大的发展部资料库中实现快速且精准的信息定位。

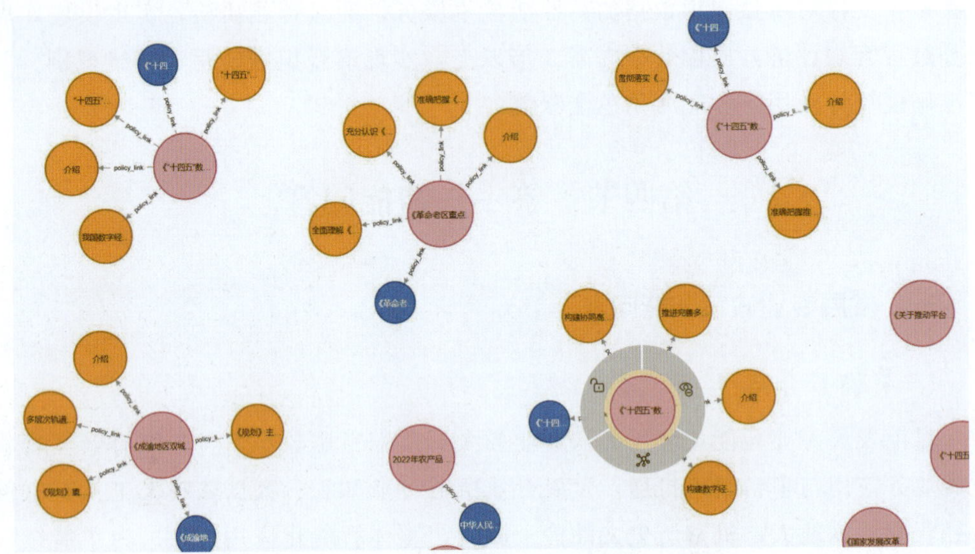

图 3－13　发展专业知识图谱体系构建

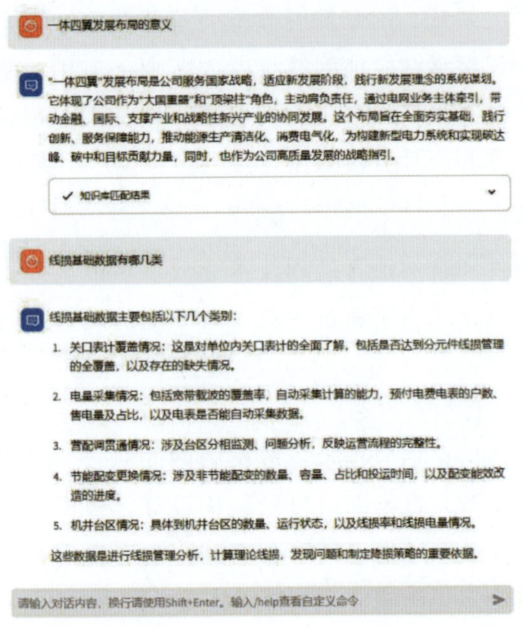


图 3－14　智能问答机器人

## （三）成效总结

通过解析国家发展改革委、国家能源局、河南省发展改革委、河南省能源局等近年来相关政策网站的两千余篇政策文章，实现根据文章名、领域、答案、段落、句子等不同颗粒度的毫秒级在线知识检索和问答应用，支撑发展专业进行政策检索，提升政策掌握时效性。利用模型离线部署和文档源码级内容提取等技术，实现秒级本地化的文档内容检索和公网数据抓取。支撑发展专业便捷地获取能源政策知识以及根据不同涉密等级进行分类知识检索，提升细分专业能力，提升规划统筹的科学性。

## 二、通信专业智能问答

### （一）背景介绍

通信专业涵盖安全运行、安装调试、设计规划、投运验收、运维检修等多个环节，业务复杂度高，原则规范体量大，知识类型繁多，人员专业水平参差不齐。目前仍采用线下模式收集及查询专业知识，人工方式构建测评题库，知识管理及人员考核模式较为传统，导致出现知识共享不足、知识检索不准、测评工作低效、人员学习成本高等问题。

### （二）应用详情

1. 通信知识检索构建

整合多步骤检索与匹配结果（图 3－15），提高信息获取的全面性和准确性，通过大模型赋能语义理解与同义词拓展，应对复杂自然语言能力强。结合时效性和地域性特征，提升知识检索排序水平，并基于用户检索行为数据，优化知识检索使用体验。

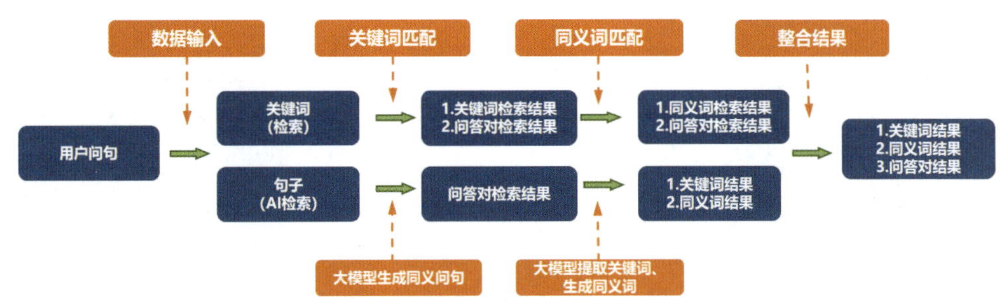


图 3－15　知识检索流程

2. 构建问答模型方案

基于电力公司内部文件，结合专家实际经验，构建基础知识库，利用知识图谱技术实现知识库构建优化，模型总结提炼能力更好，提升答案相关性。基于重排序、指令调优等人工智能算力，提升用户信息获取效率。通过标准化问句精准定位检索范围，提升答案匹配度。知识库匹配如图 3－16 所示。

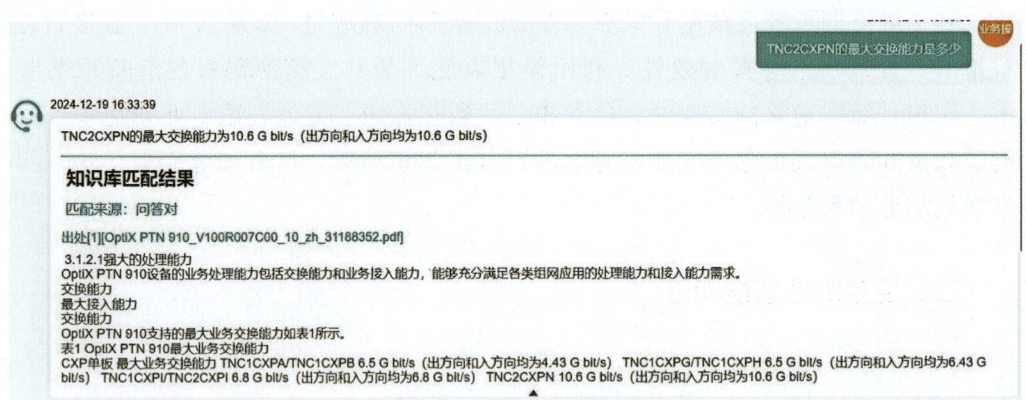


图 3-16　知识库匹配

3. 考题智能生成

整合知识章节的考点与出题关键词，提升模型出题质量；通过指令优化，针对不同题型设计提示策略，提升模型表现力与准确性；对大模型输出进行数据提取、格式化和过滤，提高题目、答案与解析准确性。支持基于大模型能力，选择段落内语句或考点作为出题题干，且具备跨文件出题能力。考题智能生成如图 3-17 所示。

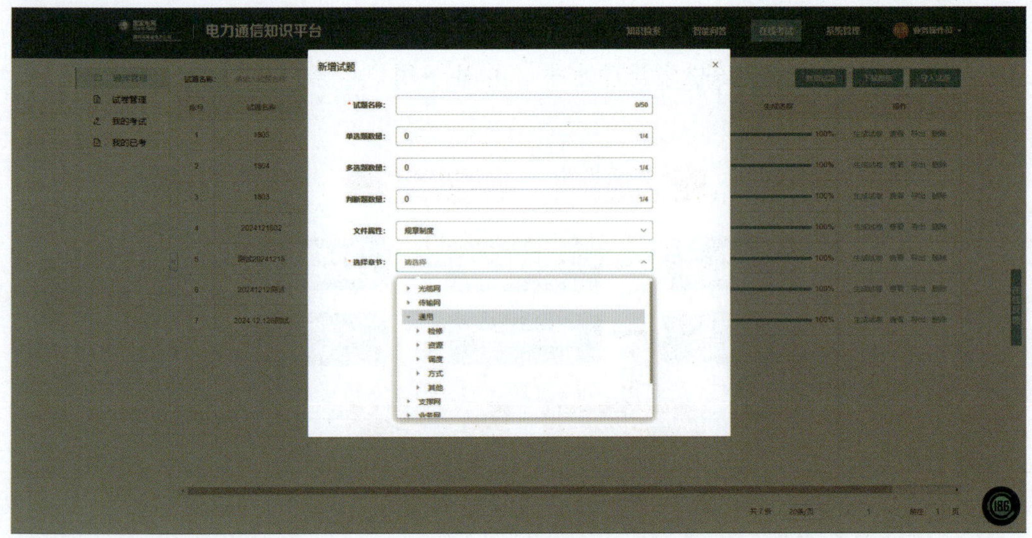


图 3-17　考题智能生成

## （三）成效总结

一是构建通信专业知识库，实现通信专业知识的系统化整合和利用，为通信专业提供全面、准确、易查询的知识资源，实现通信专业知识的精准检索。二是通信智能问答模型，实现通信专业知识的智能问答，迅速理解用户意图，并提供有效的解决方案，提高问题解决的效率，降低学习成本。三是考题自动生成模型，实现对通信专业知识点的考题自动生成，规避基层人员通过记题库应对考试的现象，提高基层人员对知识点的掌握程度和业务水平。

## 三、安监专业智能问答

### （一）背景介绍

安全生产是电网企业高质量发展的基石，而安监是电网企业安全生产的基本保障，在电网企业内部起到至关重要的作用。当前，涉及安监、安全生产相关的专业资料繁多，导致学习、查找耗时费力；同时，上传至安全生产风险管控平台的工作票数量、种类多，督查人员的审核工作量大，并且在发现、判断、处理疑似违规情况时专业性不足、效率不高；此外，反违章通报数据统计工作目前仍由人工完成，而通报数据来源多样，统计逻辑较为复杂，亟须通过人工智能辅助来提升工作效率，减少人工成本。依托“人工智能+大模型”，使用“信通智脑”“工作票监察辅助”“反违章通报辅助生成”等模块，全方位提升安监人员的专业能力及安监管理工作整体水平，完善安全生产风险管控平台的工作票识别审核业务、违章辅助判定和反违章通报辅助生成的智能化应用，有效提升安监人员日常工作效率。

### （二）应用详情

1. 智能问答

大模型通过对安监专业文件、制度、规范规程等知识进行学习和训练，如《国家电网公司安全工作规定》《国家电网有限公司作业风险管控工作规定》等，实现对用户提出的问题进行快速准确地回答（图 3－18），页面同时对源文件进行了展示，便于用户进行知识溯源。目前问题回答准确率保持在 90％以上。

2. 工作票监察辅助

大模型通过对《国网河南省电力公司“两票”（工作票、操作票）填用规范（2023 年）》的学习，实时同步安全生产风险管控平台工作票数据，利用 OCR 技术对工作票内容进行识别，对作业班组上传至安全生产风险管控平台的工作票进行实时智能化审核分析，迅速输出识别结果，第一时间发现票面填写问题并进行提醒（图 3－19），现场班组可高效利用“黄金三十分钟”及时进行问题纠正。解决春秋检等作业计划量大集中时人工审核效率低、压力大的问题，提升工作票审核效率。

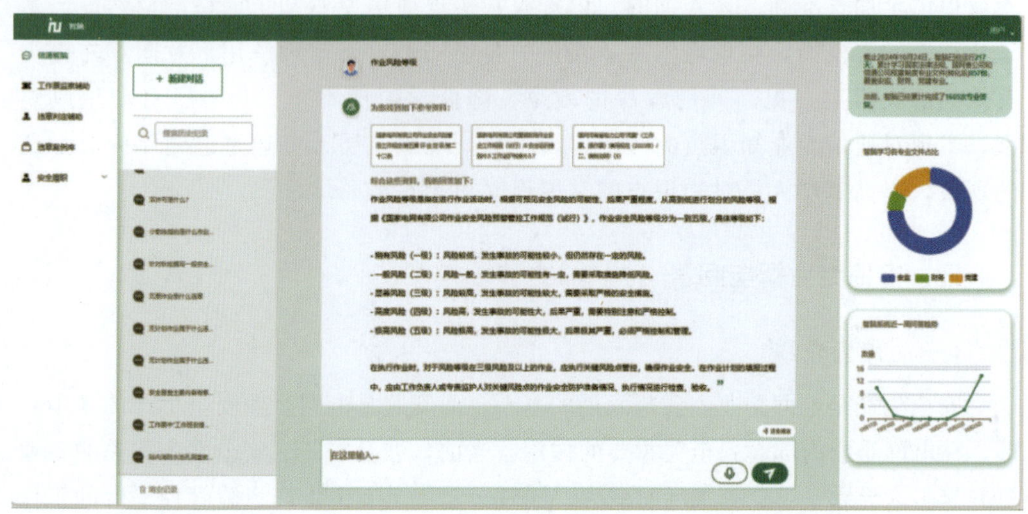


图 3 - 18 信通智能问答页面

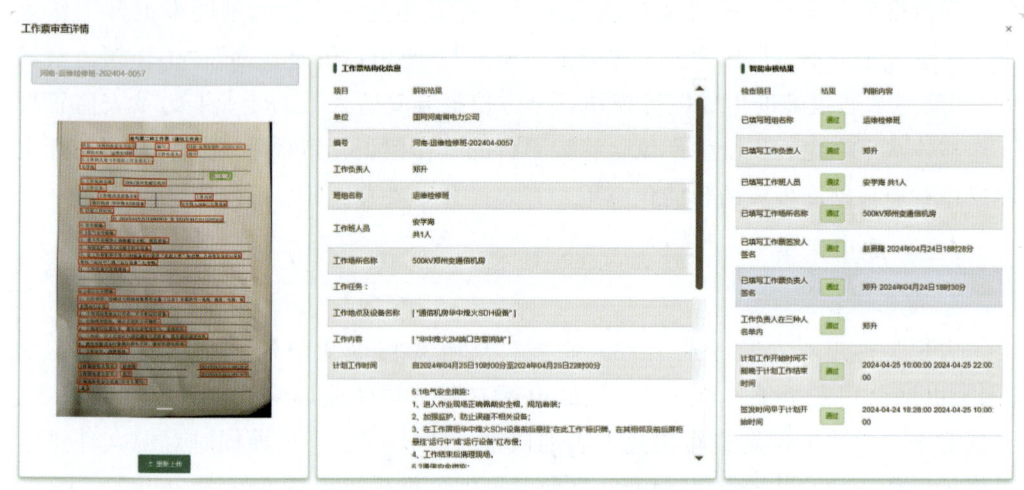


图 3 - 19 工作票审核详情页面

3. 违章判定辅助

目前安全督查队伍普遍存在业务能力参差不齐、外委人员占比高等问题，受个人能力等限制，在违章判定过程中出现准确率不高、定级不准等问题。安监部利用大模型对国网河南电力通报的 2024 年以来违章案例以及电网安全专业相关规章规程进行学习和训练，实现对违章行为进行基于案例和规章规程的准确判定（图 3 - 20）。

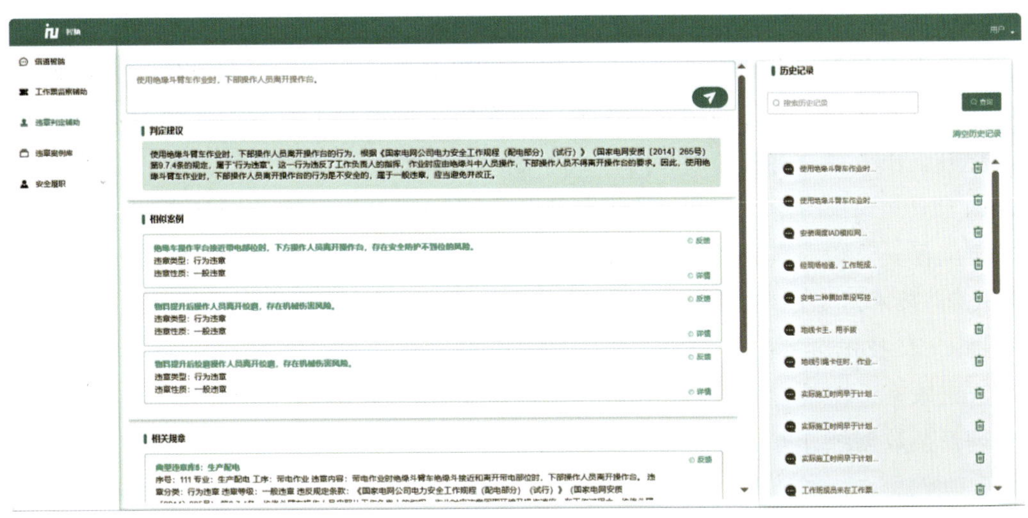


图 3 - 20　违章判定辅助页面

4. 反违章通报辅助生成

大模型通过对 2024 年以来的反违章工作通报进行学习，提取不同板式的反违章通报关键信息，与数据中台进行数据交互后，自动生成指定时间段内的省电力公司系统反违章工作通报，并同步输出附件内容（图 3 - 21），节省了大量的人工统计工作量，大大提高了反违章通报的编写效率。

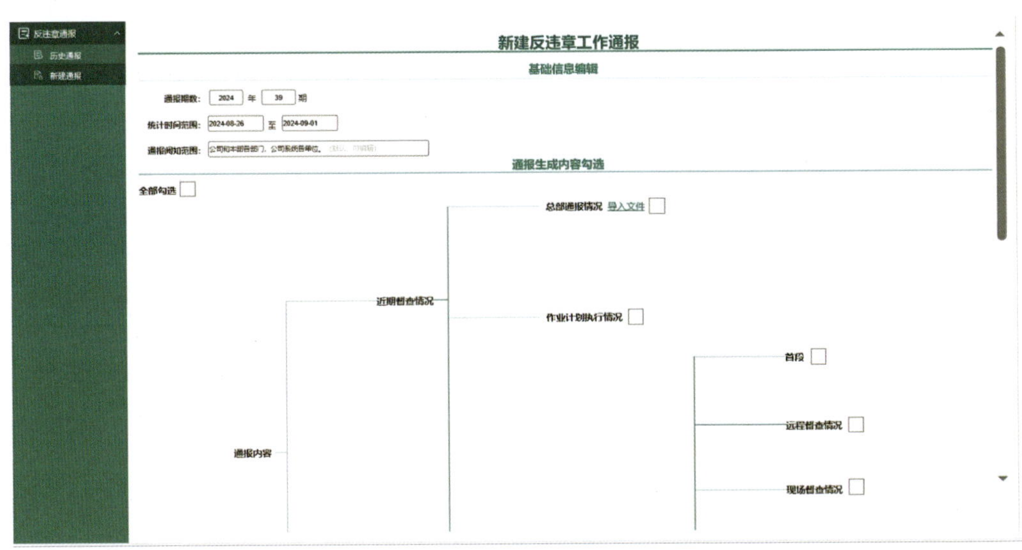


图 3 - 21　选择生产反违章工作通报

### （三）成效总结

该案例首次将人工智能大模型应用于安监专业，形成三方面成效。一是通过收集安监专业相关文件并建立知识库，为安监人员提供丰富的专业知识资源，显著提升工作效率，有效解放人力。二是复用模型能力，对财务资产部、党委党建部的专业知识进行学习，建立专业知识库，支撑大模型问答。三是开发工作票审核全流程安监智脑服务产品，提升工作票的标准化操作水平。利用自然语言处理（NLP）技术对工作票的内容进行自动解析和审核，确保工作票填写规范、准确；借助 OCR 技术对工作票中的重要信息进行提取和分类，提高工作票的管理水平和查询效率。四是首次将大模型应用于通报文件生成工作，切实解决安监人员在处理复杂数据统计方面的难题。

# 第五节　写——文档写作

## 一、智能写作

### （一）背景介绍

当前各级人员文稿写作仍采用传统写作模式，缺少有效信息支撑手段，诸多需求难以得到满足，存在明显的痛点问题。一是写作需求大，基层负担重。存在大量的总结、汇报等各类文档写作需求，文稿写作已成为各单位员工不容忽视的工作负担。二是写作效率低，难快速完成。传统写作模式下，寻找素材耗费大量人力，并且缺乏有效的信息支撑手段，难以在短时间内高效成文。迫切需要基于当前先进人工智能技术，打造一个受众面广、时效性强的典型应用，实现全过程辅助写作，提升文稿梳理、撰写效率。

### （二）应用详情

应用大模型内容生成能力，实现工作方案、工作总结、会议通知的大纲、内容、格式的自动生成，提升公文写作效率。在文档写作过程中，提供选中文字的扩写、续写、润色和纠错功能，辅助用户快速扩充和优化文档内容，提升文档写作的工作效率。

1. 工作方案生成

工作方案生成功能，帮助用户生成内容完整、结构规范、表述清晰的工作方案文本。用户在系统中输入工作主题、具体要求，并选择适当的模板，同时可上传参考文件。系统将调用大模型能力，根据用户提供的信息，快速生成符合需求的工作方案，帮助用户简化工作流程，轻松地应对日常工作挑战（图 3－22）。

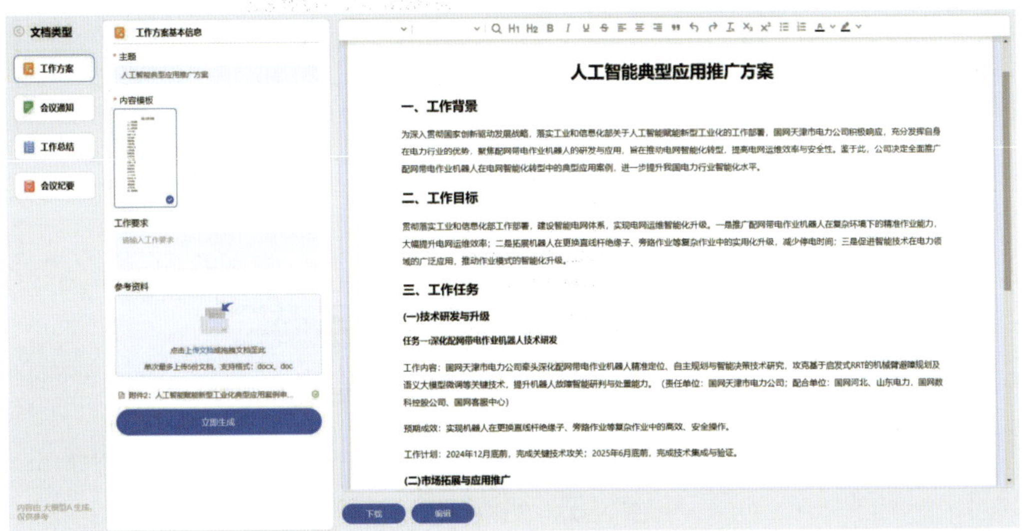


图 3－22　工作方案生成

2. 工作总结生成

工作总结功能，协助用户高效地开展工作总结撰写工作。用户可输入主题、选择相应模板，并上传参考文件。系统调用大模型能力，根据用户提供的信息，生成符合需求的工作总结。用户还可以关联多份文件，系统能够综合分析这些文件并生成综合性的总结报告，简化写作流程，提供高质量、个性化的总结内容。通过大模型生成的工作总结，格式统一、标准、描述规范，极大地提高了员工工作总结编写效率（图 3－23）。

3. 会议通知生成

会议通知生成功能，帮助用户快速生成内容完整、结构严谨规范的会议通知文本。用户可以输入会议主题、时间、地点、会议内容、要求等信息。系统调用大模型能力，根据用户提供的细节生成符合需求的会议通知内容。用户在生成的通知内容基础上进行少量补充即可立即使用，既确保通知内容的准确性和完整性，又极大地简化了会议通知的撰写过程，极大地提高了会议通知生成与发送效率。

## （三）成效总结

基于人工智能大模型的智能写作应用，形成三方面成效。一是极大减轻了基层负担，原本繁重的总结、汇报等文档写作任务，借助工作方案、工作总结、会议通知的自动生成功能，让员工从烦琐工作中解脱出来。二是显著提升了写作效

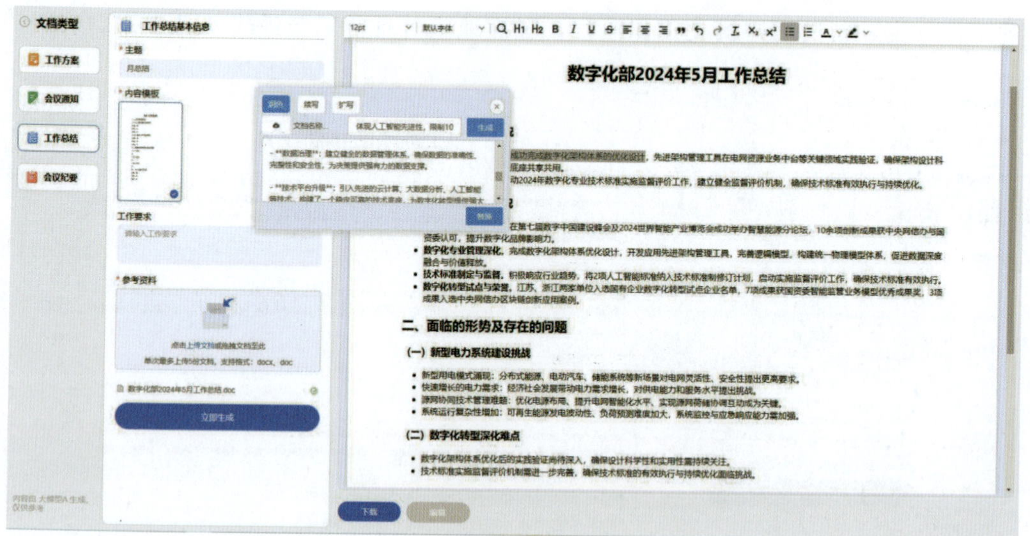


图 3－23　工作总结生成

率，可快速生成工作方案、总结、会议通知等公文的大纲、内容及格式，大幅减少创作时间，提高写作效率，实现高效成文。三是显著提升文稿质量，在文档撰写过程中，扩写、续写、润色和纠错等功能辅助用户优化内容，满足对文稿专业性和规范性的要求，提升整体质量。

## 二、PPT 自动生成

### （一）背景介绍

党建、财务、审计、后勤、宣传等业务部门作为公司高效运转的核心支撑力量，对于推动“一体四翼”发展布局落地落实，促进突出主责主业，为党尽责，充分发挥央企“顶梁柱”“顶得住”作用具有深远意义。但是目前党建、财务、审计、后勤、宣传等业务部门由于办公智能化不足，存在提质增效慢、协同运作差的问题。在新局势、新要求下，结合“大云物移智链”等人工智能技术，建设涵盖党建、财务、审计、后勤、宣传等业务部门的智慧办公平台，推动协同办公创新发展，成为推动公司高质量发展亟须解决的重要问题。

### （二）应用详情

PPT 辅助生成实现自动根据提取的关键信息和内容构建 PPT 的标题、段落、图等元素，形成一个基础的 PPT 框架。应用大模型能力，提供主题生成、文件生成 PPT 功能，实现文字内容到 PPT 的快速转换，全方位满足用户快速进行展示汇报的迫切需求。内置多种风格的 PPT 模板供用户选择，用户可根据个人需求挑选适当的模板，以实现快速 PPT 制作。

1. 主题生成 PPT

主题生成 PPT 通过自然语言处理技术、深度学习、知识库梳理等人工智能技术，支持用户通过编写主题及要求进行 PPT 快速生成（图 3－24）。具体做法如下：一是利用 NLP 技术解析用户要求，提取关键概念和逻辑结构；二是根据内容层次自动组织幻灯片，选择合适的模板和布局，并生成图表和图像；三是用户可以预览并下载生成的 PPT 文件，或进行微调以满足个性化需求，确保生成的 PPT 在内容、结构和视觉效果上的高质量。

图 3－24　主题生成 PPT

2. 文档生成 PPT

文档生成 PPT 支持用户通过上传文档进行 PPT 快速生成（图 3－25）。用户上传文档后，先通过 NLP 技术解析文档内容，自动生成详细大纲。用户确认大纲无误后，系统根据预设的模板和智能设计算法，自动将大纲内容填充到相应幻灯片中，生成图表和图像以直观展示数据，提升 PPT 的视觉吸引力。

## （三）成效总结

基于 PPT 自动生成应用，形成三方面成效。一是工作效率大幅提升，自动构建 PPT 基础框架，搭配多种模板，结合主题或文档快速生成 PPT，免去烦琐基础制作流程，大幅缩短制作时间，满足用户快速展示汇报需求。二是智能生成内容，主题生成 PPT 运用 NLP 技术等，解析需求、提取关键概念，自动组织幻灯

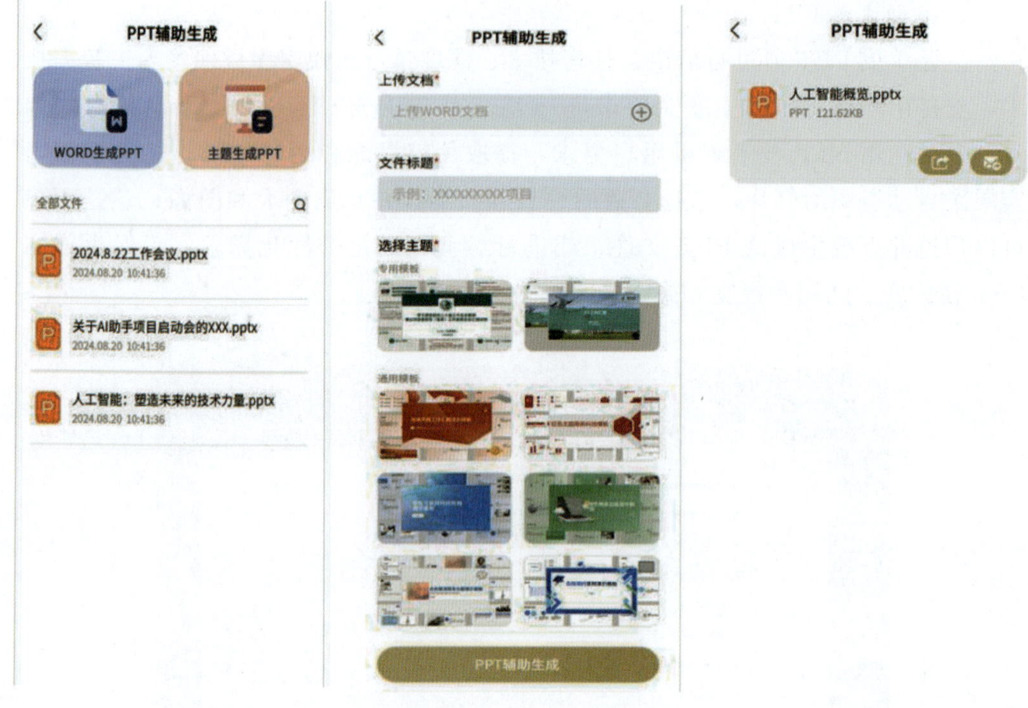


图 3-25　文档生成 PPT

片，高效产出内容丰富的 PPT。三是满足个性需求，PPT 生成后用户可预览、微调，确保 PPT 在内容、结构和视觉效果上达到高质量标准，兼顾共性与个性，为用户提供优质的 PPT 制作体验。

## 第六节　防——安全防护

### 一、网络攻击自动化封禁上报

#### （一）背景介绍

目前，国网河南电力在内外网边界部署了相应的防火墙、IPS、WAF、流量控制及行为管理等串联安全设备，对来自外部的攻击可直接进行实时阻断，同时，在核心交换机旁路也部署了天眼、睿眼、恶意 DNS 域名检测等设备，能够实时监测到外部和内部攻击行为。然而，一方面由于串联安全设备自身策略规则库等原因无法 100%对所有攻击行为进行直接阻断，少量攻击数据仍能够穿过串联安全设备到达服务器形成有效攻击；另一方面，现有旁路安全设备自身不具备与串联设备进行有效联动，无法将漏报的攻击行为进行及时封禁，主要依靠人工进行手工封禁，效率低下且难以满足日常 7×24 小时实时防护要求，为此，国网河南电力利用大数据分析能力，通过安全设备攻击 IP 地址自动化封禁程序，实现了全天候对各类攻击行为的自动化封禁，大幅提升了安全防护的效率。

### （二）应用详情

1. 监控设备告警处置分析

目前，安全分析室攻击监控设备 20 余台，其中包括迪普设备（包括 IPS、WAF）、网御设备、睿眼、启明、瑞数、微步、奇安信天眼、网盾、天融信，日常产生大量告警日志，包括来自互联网大区攻击 IP 地址和内部的攻击 IP 地址。本次开发的自动化封禁程序主要针对来自互联网的攻击 IP 地址，内部横向攻击 IP（终端段）地址通常转值班员单独分析处置，通过分析攻击行为判断，过滤系统误判、非攻击行为以及无效攻击行为进行攻击 IP 地址处置。

攻击 IP 地址自动封禁上报。针对攻击 IP 地址利用迪普 EDS 防火墙设备进行 IP 地址封禁，通过 EDS 设备的 API 接口可开发定制化的封禁策略，例如封禁时间。针对自动封禁的攻击 IP 地址及监测到无效攻击 IP 地址及处置结果信息，进行 S6000 系统的自动上报。根据网络安全攻防演练与日常运维需求，开发了自动化封禁工具，处理流程如图 3-26 所示。

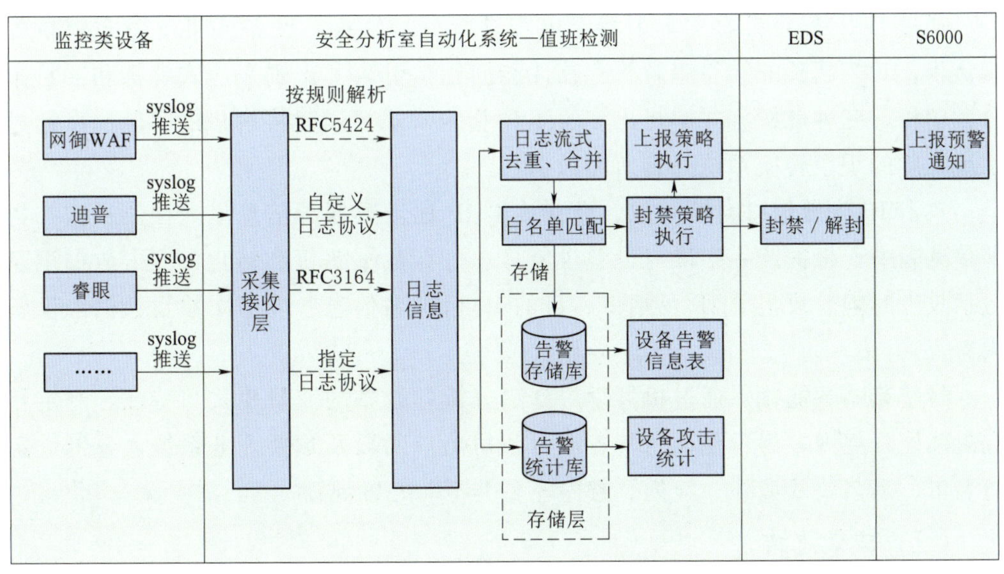


图 3-26 自动化封禁工具处理流程

2. 封禁智能化处置

获取攻击源 IP 地址，如图 3－27 所示。利用系统配置功能，配置设备接入参数信息，包括设备基础信息、设备告警日志解析规则以及设备数据过滤规则等内容，并根据安全设备推送的告警日志数据解析结果，进行日志解析并写入数据库。

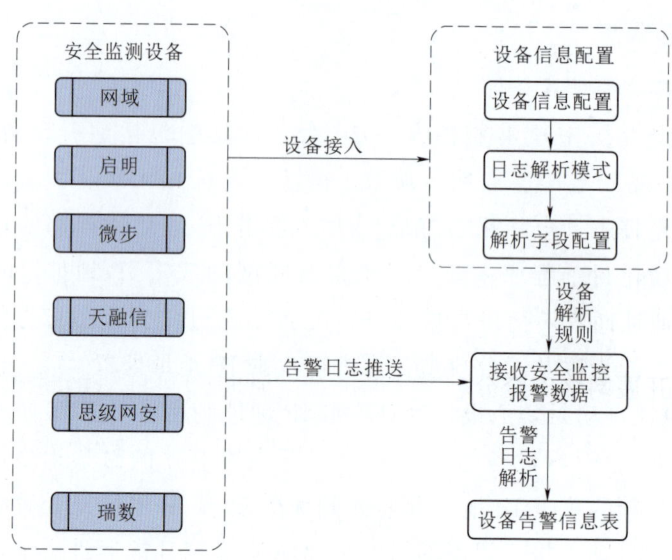


图 3－27 获取攻击 IP 过程

通过 GROK 对日志文本中特定内容进行分割转换，设备 syslog 日志解析处理流程，对于超长的字符串解析存在性能问题，引入了正则表达式解析和字符串分割解析，三种解析方式解析出 syslog 中指定日志，同时将解析的字段信息通过字段映射的手段转换系统处理所需数据。

攻击 IP 告警信息自动获取。设备攻击 IP 地址数据源信息呈现在值班监控告警信息表中，根据统一字段对设备告警日志进行数据解析和转化，攻击数据记录包括攻击时间、攻击源 IP 及端口、目的 IP 后域名信息、攻击次数及数据源设备内容。

封禁策略智能化。通过机器学习算法分析各设备的流量模式与特征，制定相应封禁处置规则，为避免误封禁省电力公司出口网段及重要业务系统，分别设定白名单、黑名单及境外、境内、省内等多类不同处置规则。

## （三）成效总结

设备攻击 IP 地址自动化封禁已经部署完毕，实现智能化封禁以及自动封禁上报，缩短响应时间，以往人工处理需平均 2h，现在工具能在 5s 内完成 IP 封禁，响应速度提升99.5%。工具整体实际效果良好，不仅解放了安全运维人员，而且提升了安全防护效率。

## 二、漏洞工单自动化流转验证

### （一）背景介绍

随着信息网络和业务规模的不断扩大，在网络安全分析室规范化运营方面提出更高的要求，网络安全分析室运营工作面临以下几项挑战：一是业务系统、终端、安全设备、网络设备等台账分类繁多，依靠人工进行漏洞治理，周期长、闭环慢，存在治理不及时现象；二是人工漏洞整改通知单编制，耗费人力且人力资源耗费大、易出错且治理周期长，无法100%满足高危漏洞2天闭环、中危漏洞3天闭环要求；三是系统运维层面整改反馈不及时，难以满足当下网络安全新形势。

为更好地开展网络安全分析室运营工作，通过搭建自动化漏洞管理工具，完美解决自主排查及对国网下发预警等所有漏洞进行自动化工单流转验证，减少人工处置环节，提升漏洞治理闭环效率。

### （二）应用详情

1. 建立台账共享机制，实现台账全域管理

资产属性识别方面，一是通过直接调用国网河南电力现有数字化统一运行监控平台的资产台账，包括资产类型、操作系统、资产开放端口服务、应用信息等信息，通过接口对接形式实现漏洞管理平台与数字化统一运行监控平台的资产进行实时同步；二是通过直接扫描发现未知资产，完善台账信息库。资产归属部门方面，构建资产库，建立责任关系，通过实时联动最新资产台账，在风险爆发后第一时间通知相关责任人。漏洞预警方面，一是资产威胁情报分析，漏洞与资产匹配，以便快速响应处置；二是构建资产风险画像，资产变化同步，如：开发端口变更、漏洞修复、资产下线、归属部门变更。借助漏洞管理平台，实现了资产台账与漏洞之间的全域管理。

2. 关联漏扫设备，实现一键扫描

总结以往漏扫经验，对扫描形式进行创新，预制涵盖主机扫描、口令猜测、漏洞验证、产品漏洞预警等场景（图3-28），可根据最新漏洞情报、资产变更、国网预警等场景，借助漏洞管理工具一键启动快速扫描任务，及时发现和响应新的漏洞威胁。

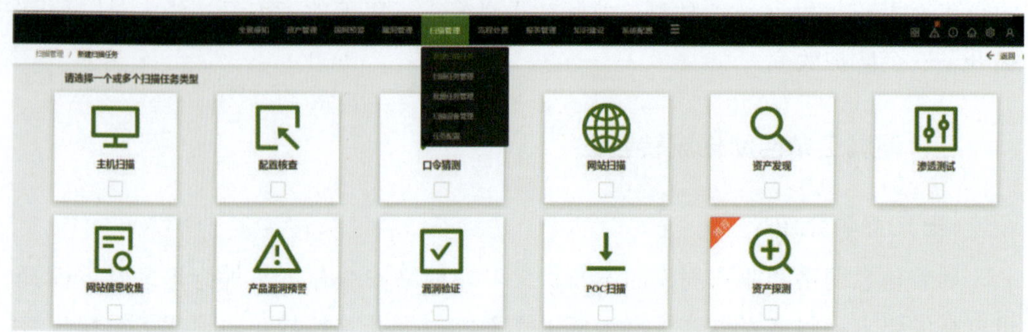


图 3-28 漏洞扫描设备快速扫描模块

3. 自动匹配漏洞资产，实现一键预警

通过研发国网预警、国网首发漏洞的导入接口，将国网预警单导入漏洞管理工具，使漏洞管理工具具备一键预警功能，具体做法为漏洞管理工具的台账清单与预警信息内容通过操作系统、软件版本、组件等信息进行比对，将匹配的资产台账进行罗列，形成涉及漏洞资产清单，可对管辖范围内资产进行精准把控。

4. 关联 I6000 工单模块，实现工单一键流转，漏洞一键闭环

通过接口对接形式，实现漏洞管理工具与 I6000 之间进行数据交互，将扫描结果以工单的形式传递给 I6000 系统工单模块，同步流转给相关责任人，并通过短信平台同步提醒进行漏洞修复；相关责任人闭环该工单时，同步修复结果交由漏管工具进行复扫。实现一键扫描、一键发送、一键反馈，一键验证闭环，提升漏洞闭环效率。

### （三）成效总结

通过自动化策略驱动的漏洞管理工具，实现了高效的自动化运营。累计通过漏洞管理工具治理闭环漏洞 165 个、国网预警单 5 个、首发漏洞 10 个，隐患处置率 100%，漏洞闭环率 100%，实现了策略配置后的分钟级任务下发、实时告警推送和精细化闭环管理，大幅度提高了漏洞管理的效率和准确性，成效显著。

# 第七节 读——文档识别

## 一、营销专业档案识别

### （一）背景介绍

随着电力营销服务精益化管理水平和信息化程度的不断提升，在线上线下用

电业务办理、现场作业等环节，积累了海量的客户档案、用电协议、现场表单图像、营业厅视频等电力营销数据，数据中蕴含着用户市场个性化需求和企业自身良性发展的重要潜在信息。然而由于技术手段受限，数据始终未得到有效挖掘利用。面对日益增长的营销业务能力提升需求，结合电力营销业务受理手续的实际需要，电力行业亟须打破数据录入效率瓶颈，提高后台服务工作效率，为此，基于电力内网部署了 OCR 智能识别服务，旨在通过信息化手段智能识别各类证件图片、申请表格图片内容，并实现自动填充，从而优化客户服务流程，提升整体运营水平。

### （二）应用详情

基于 OCR 识别能力，对多种类型的证件和申请材料进行识别和提取，包括身份证、居住证、企业营业执照、护照、户口簿、不动产权证书、居民用电申请、低压非居民用电申请、高压用电申请等文件，并进行材料篡改检测。经过验证的信息将按照预设的模板格式持久化至数据库，确保数据的一致性和完整性。具体流程分为四部分：数据提取，通过 OCR 技术自动识别并提取证件和申请材料中的关键信息，如姓名、地址、证件号码等；信息校核，提取的信息将与数据库中的已有信息进行比对，确保数据的准确性和一致性；异常检测，服务能够自动检测提取信息中的异常情况，如信息缺失、格式错误等，并生成异常报告；数据存储，经过校核的信息将按照预设的模板格式持久化至数据库，方便后续查询和管理。

1. 证件数据预处理

对客户提供的证件进行预处理是确保后续识别准确性的关键步骤。这一阶段主要运用图像处理技术获取所需的客户特征信息，同时提升图像质量，抑制不必要的干扰性噪声。预处理首先需要根据噪声特性对输入图像进行去噪处理，常见的去噪方法包括高斯滤波和中值滤波等。这些方法通过平滑图像中的随机噪声，使图像更加清晰，便于后续处理。

此外，由于人工拍摄证件时常出现倾斜现象，因此还需执行倾斜矫正处理。倾斜矫正通常通过 Hough 变换实现，该方法可以检测图像中的直线，并通过旋转图像来纠正倾斜角度。此步骤的效果将直接影响到能否顺利提取目标证件所在区域，进而决定后续处理的成功与否。

2. 文字区域检测

文字区域检测的目标是从复杂的背景中准确地定位出包含文字的区域。常用的检测方法包括纹理特征检测、基于连通区域的检测以及两者的结合。纹理特征检测通过分析图像的灰度分布和空间结构，识别出文字区域特有的纹理特征。基于连通区域的检测则通过寻找连续的像素块来定位文字区域。

3. 字符分割

字符分割是在字符识别之前必须完成的一个重要环节，如图 3-29 所示。由于不同的证件上文字的笔画、大小、结构各异，因此需要采取针对性的分割方法。基于膨胀算法的版面分析是一种有效的方式，它能够实现对每行信息的精确分割，适用于固定格式的文档，如身份证、营业执照等。

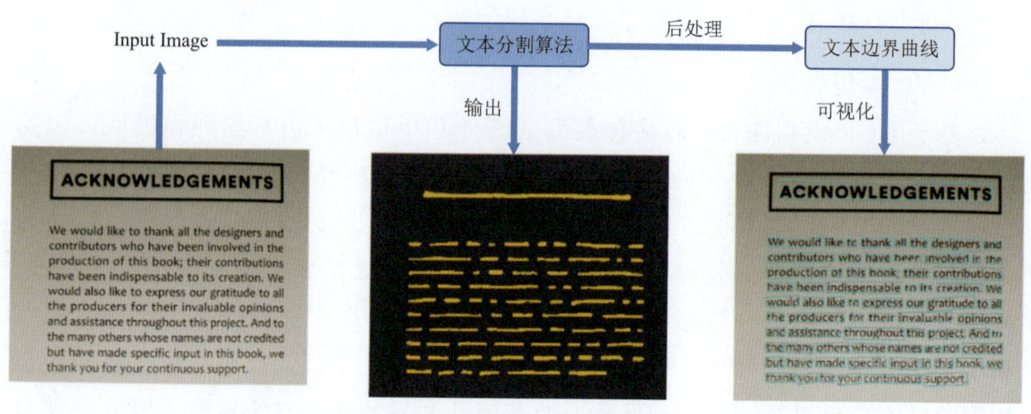


图 3-29 字符分割示例图

4. 字符识别

采用基于自适应阈值的 Niblack 方法，对图形进行分析，结合 Niblack 的自适应阈值方法，消除图像中的噪声干扰，充分提取图像中的文本像素。当图像中存在背景像素干扰时，还可以利用神经网络对目标区域的特征进行深入提取，进一步提高识别精度。

5. 佐证材料篡改检测服务

为了保障业务资料的真实性，需要佐证材料篡改检测功能。通过图像差分计算生成差分值图像，并对其进行二值化处理。通过分析最大连通域的变化程度，计算出差分比较值，以此判断图像是否存在篡改行为。

### （三）成效总结

通过构建系统性、通用性和统一服务规范的图像识别应用，实现了基于深度学习的非结构化图像文件的 OCR 识别服务。该服务不仅支持电子证件、工单等多种类型文件的识别提取及判别，还特别针对营销服务中的图像佐证材料提供了被动取证篡改检测服务。在业务受理环节，服务能够对证件信息进行高效的预处理，检测图片上的文字区域，利用图像处理技术获取所需的客户特征信息，提升图像质量，抑制不必要的干扰性噪声，充分提取图像中的文本像素，智能识别各类证件图片和纸质单据信息，并自动录入服务。

这一系列措施显著减轻了工作人员的信息录入负担，提升了业务办理的基础数据质量，减少了工作差错，为基层员工减负的同时，也为管理层提升了工作效率。相较于传统的手工录入方式，借助于智能化识别技术，资料录入速度得到了大幅提升，平台业务办理效率显著提高，同时也减少了因人工操作失误导致的问题。

## 第八节　算——智能问数

### 一、审计专业智能问数

#### （一）背景介绍

随着各类信息化应用的建设，积累了大量的结构化数据和非结构化数据，但是数据使用率低，未能真正发挥数据应用价值。经调研发现，结构化数据存在数据看不懂、取不到、用不好等问题，以及基层用数困难等问题，针对以上问题，通过对数据“语义化”，降低基层问数、用数、取数难度。

#### （二）应用详情

利用NLP语义解析领域的子任务，打破人与结构化数据之间的壁垒，采用“小模型优化垂直细分场景，大模型服务通用电力场景”，以数据基座关键组件的形式赋能关键业务场景降本增效，推动基层问数、用数能力，提升数据检索及应用效率。

1. 系统架构设计

围绕基层用数需求，基于Text2SQL、大语言模型等技术实现方式，结合实际业务应用场景，选择适合的智能问数和推荐服务技术路线（图3-30）。构建智能问数、用数智能化应用引擎，推进智能问数应用落地。

2. 场景数据集分析与构建

聚焦数字化审计场景中台数据，收集中台数据表清单，梳理数字化审计场景在运SQL脚本，提炼数字化审计部门相关的表和字段，构建Bert模型训练集。

3. 表名预测

聚焦数字化审计场景下表名预测模型训练及准确率提升，开展表名预测模型训练，深化模型训练能力，提升模型训练速度。迭代优化模型训练能力，提升表

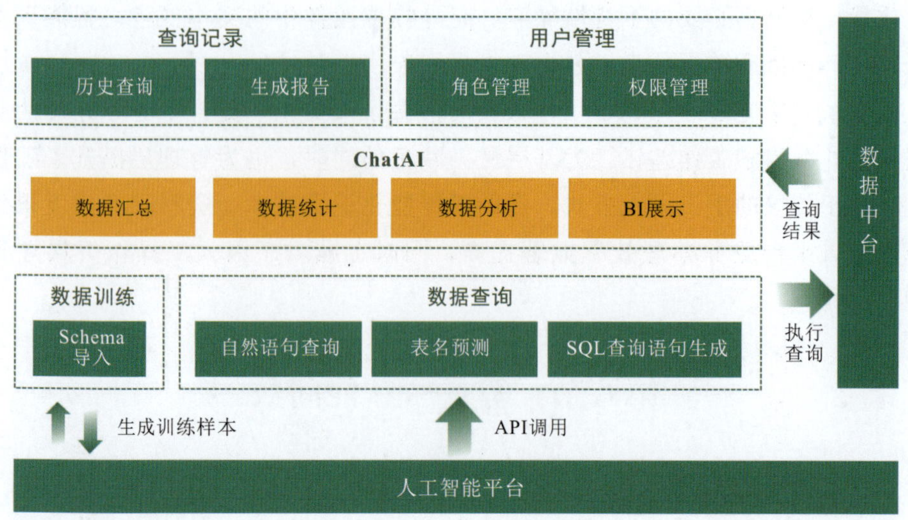


图 3-30　智能问数系统架构

名预测准确率。

4. SQL 生成

开展大模型训练集生成工作，扩展训练集数量。对收集的 500 多个在运 SQL 进行筛选及整理分段，针对没有描述的 SQL 语句，利用大模型和 Schema 生成 SQL 描述，生成 1000 个可用训练集（图 3-31）。

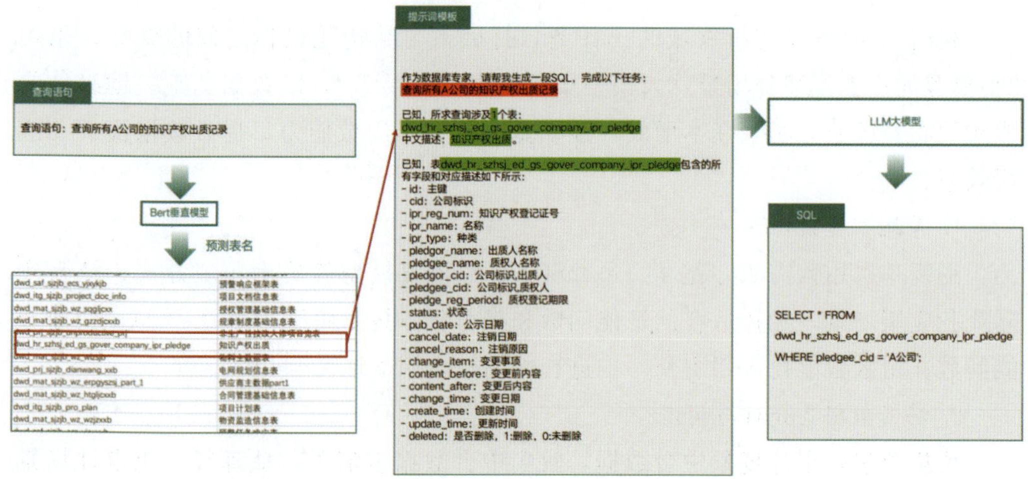


图 3-31　SQL 生成示例

## （三）成效总结

通过该案例，形成五方面的成效。一是聚焦数字化审计场景中台数据，收集中台数据表清单，累计收集 3000 余张表及 10 万余个字段，梳理数字化审计场景在运 SQL 脚本，累计收集 500 多个在运 SQL，涉及 800 多张表及相关字段。二是提炼数字化审计专业相关的表和字段，构建 Bert 模型训练集，累计生成 1000 个训练集。三是深化模型训练能力，提升模型训练速度。迭代优化模型训练能力。根据目前训练结果，增量数据为 10000 的情况下，训练时间不超过一天。四是提升表名预测准确率，在训练集数量为 500 的情况下，表名预测准确率为 75%，通过增加训练集的方式，将表名预测准确率提升至 90%，提升 15%。五是扩展训练集数量，对收集的 500 多个在运 SQL 进行筛选及整理分段，针对没有描述的 SQL 语句，利用大模型和 Schema 生成 SQL 描述，累计生成 1000 个可用训练集。

## 二、通信在线智能分析

### （一）背景介绍

河南电网位于华中、华北、西北电网交汇点，电力通信网承载业务 7 万余条，网络节点 1 万余个。随着电网规模不断扩大，运行、抢修任务日益繁重，通信网中大多数抢修业务仍需人工下发、实地检查并汇报，然而整个电网抢修业务中，参与处理业务的系统众多，交互频繁，如果其中一环出现延时或错误，会给抢修业务的即时性和准确率带来巨大困扰。另外，通信网线路多数为野外架空线路，现场环境及气象条件复杂多变，避雷设备、导线、绝缘子等经过长时间运行且在各种外力的长期作用下，易出现锈蚀、断股等问题。为减轻人工运行压力，国网河南电力基于数据实时化、业务智能化、管理数字化的顶层设计，开展人工智能建设应用自主研发了通信风险智能分析系统，实现灾害、检修、故障情况下的分钟级自动快速分析处置。

### （二）应用详情

贯通各级各类电力数据平台，构建数据实时更新、资源有机共享国家电网领先的通信数据系统。通过信息整合能力，将分散在不同层级和类型的电力数据平台中的信息有效整合与互联互通，确保数据的即时性、准确性和可用性。通过整合各类数据信息，实现国家电网内部的数据管理效率和服务质量快速提升，促进跨部门、跨区域的数据资源共享，为电力系统的智能化运行、维护及优化提供强有力的支持。构建通信故障智能分析模型，依据通信网运行状态自动研判定位通信网故障、存在风险和影响范围。通信智能分析决策如图 3 - 32 所示。

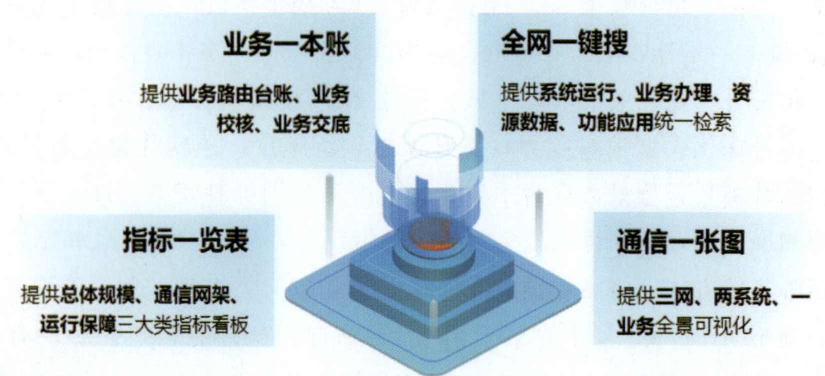


图 3－32　通信智能分析决策

1. 业务一本账

依托 TMS 资源数据和提取关联规则，自动分析生成光缆、光路、业务通道，构建贯通四级通信网业务通道路由数据“一本账”（图 3－33），突破通道资源数据质量难题，替代线下方式路由表。一是设置业务通道标签，为业务通道建立“身份证”，实现网管与 TMS 系统的数据同步；二是按业务等级划分归属，实现跨级业务通道的自动同步；三是根据通道物理路由（设备、端口、通道、光缆、纤芯）自动识别并接续拼接。

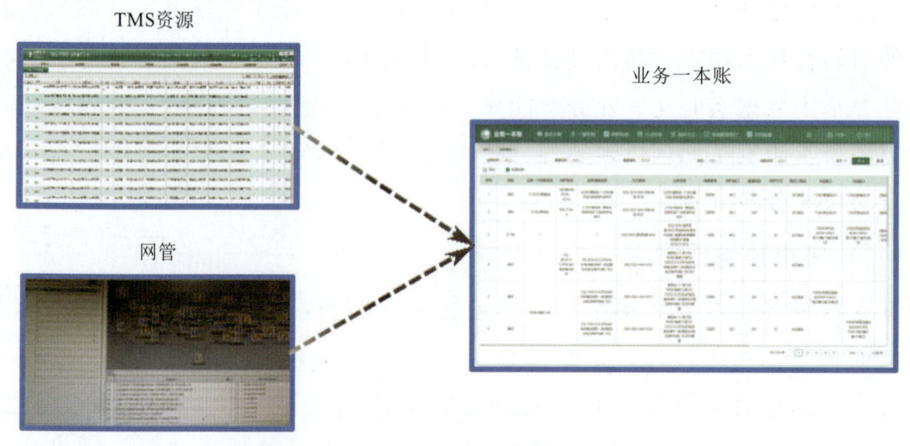


图 3－33　业务一本账

2. 构建通信故障智能分析模型

通过智能分析模型、大数据分析、机器学习等先进人工智能技术，对从各种通信设备和网络节点收集到的海量数据进行深度挖掘和分析，快速识别网络中出现的异常情况，如信号中断、传输延迟等问题，并精确地定位故障发生的物理位置或逻辑环节，根据通信网络的实时运行状态，自动进行故障诊断、风险评估以及影响范围确定。实现预测性维护能力，即通过对历史数据分析，提前发现潜在的风险点，从而采取预防措施避免故障的发生。

3. 通信风险数智分析

实时采集通信系统中告警信息、配置策略、性能指标、流量数据、安全事件、设备状态、网络拓扑结构、用户行为模式、环境参数、服务质量指标、系统日志、故障记录以及维护历史等13项关键数据。通过集成大数据处理技术和人工智能算法，对复杂多变信息进行深入分析和智能处理。同时基于分析结果，自动生成针对不同风险场景的有效应对方案。通过通信风险数智分析系统的应用，实现通信网络风险管理和应急快速响应能力，及时排除隐患，保障通信服务的连续性和稳定性，显著减少人工干预，提高工作效率。

### （三）成效总结

通信在线智能分析系统显著提升了工作效率和响应速度。分析决策时间由原来的“小时级”缩短至“分钟级”，风险校核周期也从“周级”缩短至“分钟级”。这些改进实现了系统实时性和准确性能力提升，为电力通信的稳定运行提供了强有力的保障。实现了电力通信业务的在线安全分析，提升了工作的质量和效率，增强了安全保障能力，成功突破了通信与电网专业联动和耦合的技术瓶颈，率先在河南省得到应用，并迅速推广至国家电网信息通信分公司及华中分部，展现了其卓越的适应性和扩展性。

# 第九节　审——文本审核

## 一、合同文本智能校验

### （一）背景介绍

根据国网公司相关管理相关要求，物资采购、信息化、运维等类型的项目合同均需上传经法系统，经过多级审核后，方可开展后续相关工作。目前，合同在上传国网经法2.0系统前，均为人工填写、人工审核，人为操作难免会出现疏忽错漏，如合同含税金额计算错误、主体上下文名称不一致、合同模板故意修改等问题，从而造成审查返工、发票重开、合同多次修改等情况，导致项目建设迟滞。

为有效解决国网经法2.0系统前置合同检查工作中因合同模板周期更新、合同类别繁多、审核内容项目繁杂，工作人员陷于机械烦琐的审查工作且效率极低等问题。项目基于文档解析、信息抽取、文本对比、流程机器人等多种人工智能技术，归类整理合同审批流程的审核要素、审核规则，构建合同要素的解析模型及自动化审查系统，提供满足全类型个性化合同模板的知识抽取、知识对比服务。

### （二）应用详情

1. 构建全流程合同智能化工具集

构建了一套全流程合同智能化工具，包括零代码可视化的合同内容标注、对比规则自定义配置、模型零代码训练、审核结果展示、合同自动生成、合同自动上传国网经法2.0系统等全流程智能服务应用（见图3-34）。任一类型的合同及附件审查只需要通过审核要素梳理、合同模板信息标注及审核配置、合同审核模型训练、批量自动化审核、审核结果展示等步骤就可以进行全流程自动化审查。

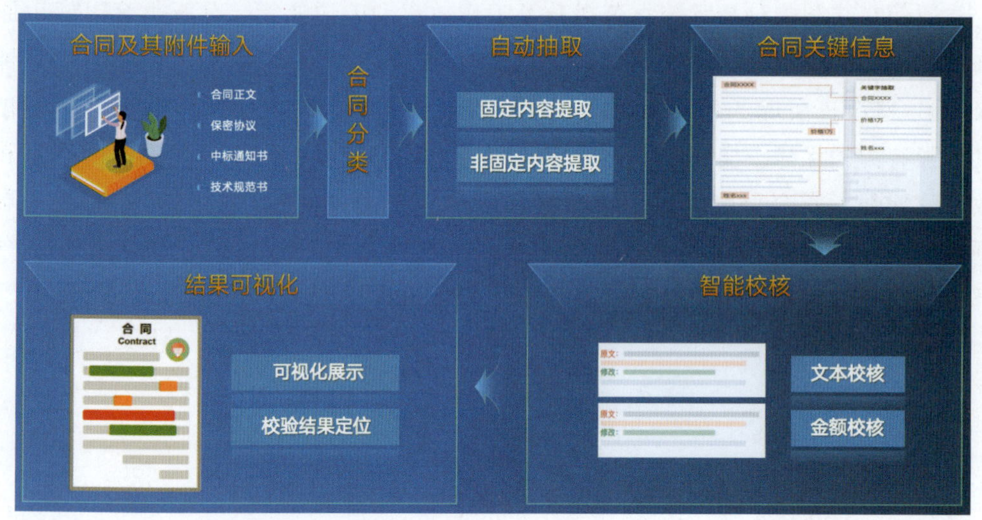


图3-34　合同文本智能校验应用流程

2. 合同文本自动生成

自动从中标通知书等合同相关附件提取关键信息，填充至合同相应位置，减轻合同编制人员工作量50%以上。

3. 合同文本智能校验

应用了命名实体识别（BERT+CRF技术）、事件抽取、文本纠错（pycorrector）、正则表达式、word 文档 xml 源代码解析等技术，构建零代码可视化的合同内容标注（图 3－35）、对比规则自定义配置、模型零代码训练、审核结果展示等智能化能力。

图 3－35　合同关键信息标注

4．合同信息自动上传

通过 RPA 技术批量将多份合同的基本信息、相关附件自动上传至国网经法 2.0 系统，实现合同一键上传，减轻人工录入工作量，相比人工上传效率提升 80％。

### （三）成效总结

通过合同文本智能校验，能够实现智能化的合同审查管理，优化合同审查校对的方案和措施，优化各类目标用户合同审查校对的方案和措施，提高合同审查的准确性、便捷性，避免因合同错审带来的经济损失和政策风险。在大幅提升合同审查质效的同时起到示范作用，推动人工智能技术的创新应用实践。在国网河南电力实际应用中，通过智能化合同审核工具进行相关实施工作，积累了合同通用 25 项主数据并开展 79 项文本比对任务，合同内审时间由 3 人·天降为 0.5 人·天。审查规则适配建筑物及附属设施维修、咨询服务、设计开发、运维、实施、技术服务、专项成本、物业服务等 12 类合同类型，累计审查成本、开发、实施、运维类项目合同 1000 余次，规避错误 4000 余项，切实降低了合同回退率。

## 二、党建专业文档智能校核

### （一）背景介绍

国网河南电力着眼党建高质量发展需要，紧跟国网公司数字化转型步伐，运用人工智能技术赋能党务工作高质量开展，全面提升党建工作智能化水平，亟须改变传统人工审核的工作模式，运用人工智能技术实现文档中的错别字、格式错误、敏感词汇及重复度等关键内容的自动化、智能化校核，推动党建工作的标准化、规范化建设，提升整体工作水平和质量。

### （二）应用详情

1. 错别字检测、格式审查与敏感词汇智能校核

一是错别字检测。自动识别文档中的错别字，同时提供科学合理地修正建议。极大地减轻了人工审核的负担，确保了文档的权威性与专业性。通过错别字智能校核，避免因拼写错误而影响文档的专业性，确保信息的准确无误传递。

二是格式审查。依据预设的格式标准，对文档的标题大小、字体样式、行间距、页边距设置等细节进行全面审查，提升了文档的可读性与视觉吸引力。

三是敏感词汇检测。通过集成先进的 NLP 技术，能够准确识别并标记出文档中可能存在的敏感词汇或不恰当表述，有效预防信息传递过程中的误解或负面效应。结合预先构建的敏感词库，系统能够实时过滤潜在风险点，确保文档内容符合党的路线方针政策及组织内部规定（图 3－36）。

图 3－36　错别字检测、格式审查与敏感词汇智能校核

2. 重复度校验提升党建报告创新性与实效性

针对《民主评议党员登记表》《党支部班子满意度和民主评议党员测评表》和《中共某支部委员会关于某年度党建工作的报告》等具有周期性、低频次特点的重要材料，重复度校验技术的应用显得尤为重要。利用先进的文本比较技术，对新提交的报告与历史文档进行深度对比分析，精确计算两者之间的相似度，从而有效识别并防范内容雷同或抄袭现象的发生。

### （三）成效总结

党建专业文档智能校核的应用，形成三个方面的应用成效。一是智能化转型成效显著。文档智能校核的应用标志着党务工作向数字化、智能化方向的转变。通过自动化工具识别和纠正错别字，减轻工作人员的负担，提升文档的专业水平和权威性，促使党务工作者更加专注于战略规划与决策制定，避免陷入日常的文字校对工作中，加速了党务工作的现代化进程。二是标准化提升成效明显。依据预设的格式标准，对文档的标题、字体、行间距、页边距等细节进行全面审查，实现了文档格式的规范统一。不仅提升了文档的可读性和美观度，更体现了组织对细节的关注与严谨态度，有助于塑造统一、专业的组织形象。标准化提升还促进了信息的有效传递和管理，确保了组织内部沟通的一致性和高效性。三是工作质效提升成效突出。文档中的错别字、格式错误、敏感词汇及重复度等关键内容的自动化、智能化校核，有效减少了人为疏忽和错误，提高了工作效率，缩短了审核周期，显著提升了党建工作的质量和专业性，确保了信息的准确性和规范性，为党建工作的标准化、规范化建设及整体工作水平的提升提供了有力支撑和保障。

## 第十节　考——题库生成

### （一）背景介绍

在快速变化的商业环境和科技进步的推动下，人力资源管理、员工培训与考核等领域正经历着深刻的变革。为了更好地适应新技术带来的变化，提高员工的专业技能和服务水平，保障电网运行安全性和稳定性，亟须构建一套高效、智能的考题自动生成应用能力。

### （二）应用详情

通过在线 NLP、机器学习等人工智能等技术，自动对用户上传文档信息设计出符合不同层级、不同类型员工需求的考试题目，有效减轻人力资源部门的工作负担，提升考核工作的效率和公正性，实现为员工提供更加个性化、有针对性的学习资源，更快地掌握所需知识和技能，进一步增强考核的实际效果，实现国家电网人才队伍建设壮大、提升整体竞争力。

1. 知识库构建

题库自动生成项目采用先进大数据处理技术和人工智能算法，收集并整合来自国网内部的标准操作流程、技术文档、历史考试数据等多源信息，形成丰富且结构化的知识库。

2. 文本解析与题库生成

用户点击上传相关文档或依据对话框输入相关题库生成要求描述，系统通过语义解析、NLP 技术对传输内容进行理解并解析其中关键知识点和技术要求，对相关数据进行抽取、格式化（调整数据结构以符合特定要求）和数据过滤（剔除不符合条件的数据），结合生成题目数量，智能生成单选题、多选题、判断题等多个类型的高质量试题。

3. 可视化场景展示

基于数据库存储与场景可视化技术，对考题自动生成模型结果进行可视化展示，如图 3－37 所示。通过构建简洁、直观、易用的可视化场景界面，方便用户选择知识点时，实现单选题、多选题、判断题等各类型题目、答案、解析三要素自动生成。支持通信专业知识灵活更新，满足相关专业人员线上考核与自主阅卷的需求，实现专业人员培训，推进人员能力胜任度评价及核心班组建设工作。

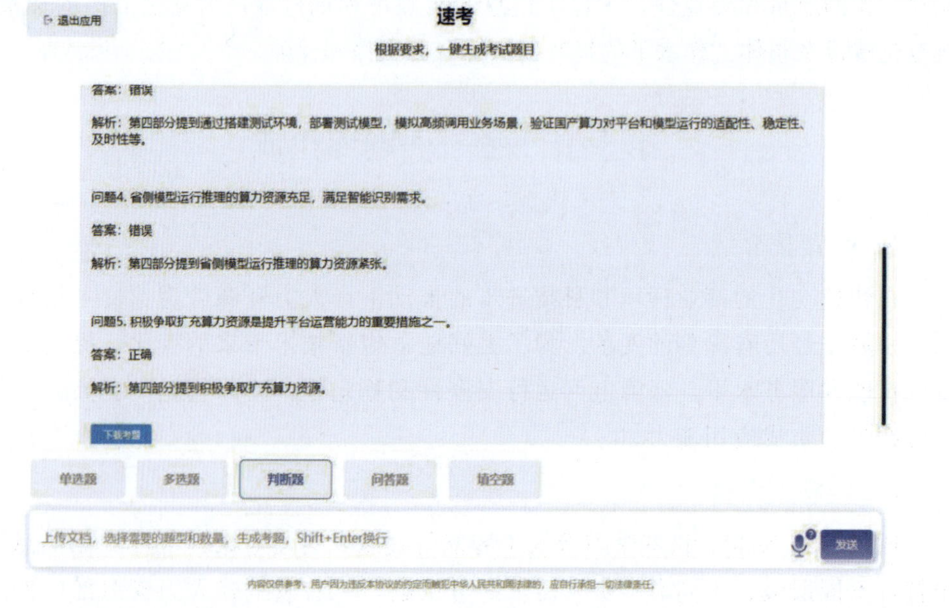


图 3－37　考题可视化展示

### （三）成效总结

通过该案例，形成三方面的成效。一是提升了考核效率与公平性，通过智能化考题生成应用，能够快速、准确地为不同岗位的员工定制化生成考核试题，大大缩短了考题准备的时间，减少了人为因素导致的偏差，确保了考核过程的客观性和公正性。二是增强员工培训效果，题库生成应用能够根据员工的岗位需求和个人能力水平，提供个性化的学习资源和练习题，帮助员工更有针对性地提升自己的专业技能和业务知识，从而提高培训有效性。

# 第十一节　估——预测分析

## 一、电网低电压预测与分析

### （一）背景介绍

随着经济发展及城镇化建设的推进，城镇及农村电气化水平不断提升，电能作为清洁能源，占终端能源的消费比重大幅升高，电力供需矛盾日益凸显。对某市历史低电压数据和近 3 年用户反映的 172 件低电压意见、21 件低电压投诉分析后发现，用户低电压情况主要发生在城郊及农村地区，大致情况如下：一是城郊及农村用户分布分散导致低压配电线路较长。受输电线路和变压器容量的限制，在负荷高峰时，配网线路末端极有可能因为功率不足而使电压降低，从而影响电器设备正常运行。随着城郊及农村居住点的不断延伸，负荷中心的不断偏移，电网“低电压”的现象将进一步加重。二是农业生产的季节性导致农网负荷季节性较强。夏季是干旱季，须要大量使用水泵；冬季尤其在春节期间，民工返乡会出现用电高峰；烤茶制烟等时段出现周期性用电高峰。三是生活用电导致农网负荷阶段性较强。随着农村居民生活水平的提高，诸如空调之类强季节性的负荷占农网负荷比例逐年增加，特别是迎峰度夏、度冬期间期间，制冷供暖加剧了生活用电负荷季节性变动程度，严重降低了线路、配电设备的有效利用率，并影响用户端的电能质量。因此，亟须开展用户低电压预测与分析工作，以提高电网供电质量及客户供电服务满意度。

### （二）应用详情

基于机器学习、多维数据融合等人工智能技术，搭建低压电网用户电压预测模型。根据低电压判断标准，进行低电压用户预警，实现短期用户低电压事件预警及低电压原因辅助分析，并将分析结果推送至台区管理人员，辅助台区管理人员及时通过调整电网运行方式、提高出口侧电压、变压器扩容等形式，以有效解决低电压问题。该方案提前预防低电压事件的发生，有效保障电网供电质量与服务质量，提高客户满意度和获得感。

1. 基于机器学习算法的低电压预测流程

配网台区作为客户提供电能的直接供电区域，其电压预测对提高供电可靠性有很大的意义，但台区用户的电压稳定性受变压器出口电压、天气、季节、温度、负荷、位置坐标、用户类型等多种因素的影响。通过使用机器学习方法进行数学建模，让影响电压大小的因素作为输入，找到最终预测值与这些不稳定因素之间的映射关系，从而达到预测台区用户低电压的目的。

应用机器学习技术实现台区用户低电压预测，共包含五个步骤（图 3 - 38），分别为确定目标、形成数据挖掘库、数据预处理、数据建模及结果评价。

图 3 - 38　台区用户电压预测流程

2. 用户电压预测影响因素选择

用户电压相对于台区变压器电压来说，用户电压趋势与客户用电情况关系更为密切，影响电压变化的因素更多。该案例的历史电压数据来自现场 HPLC 宽带载波采集到的高频用户电压数据，根据历史电压数据以及实际情况，将历史负荷、气温、光照、日类型、时刻、位置、变压器出口电压等因素作为输入量的备选，通过对这些特征量进行数据预处理，分析其与用户电压预测的相关性，筛选出对电压预测有效的输入量，输出量选择为待预测日的 96 点（每 15min 为一个电压值点，全天共计 96 个电压值点）电压值。

3. 台区用户电压预测模型搭建

根据台区用户低电压预测模型输出的电压数据，结合低电压评判标准，完成结果分析及发布。根据预测结果所属区间，进行差异化的告警等级设置，便于业务部门合理安排治理措施。

通过营销集约管控平台、短信平台及工单中心完成应用集成，实现告警信息推送，结合用电信息采集系统的电压数据输入，综合多维数据，分析造成电压的主要原因，建立低电压治理逻辑推理机，实现低电压治理建议输出。输出建议包含供电半径优化、电网运行方式调整、变压器档位调整、线径优化等。

### （三）成效总结

通过该案例，形成两方面的成效。一是需求切合实际，推广空间大，目前针对台区电压预测的现有情况，对现有研究的侧重点和特点进行了总结，充分分析多种因素与电压的支持度与置信度，确定与用户电压的关联度，建立完备的影响电压指标体系。同时依托在 RNN 的基础上进行改进的 LSTM 算法模型，结合完善的误差标准评价体系，实现模型的不断优化，从流程上保证了算法模型的精准性，降低了误判对于人员的消耗。二是针对当前低电压情况导致用户满意度下降、投诉率居高不下问题，依托“两库一平台”模型库，结合台区 HPLC 宽带载波高频量测数据及营销集约管控平台，开展台区用户电压预测及低电压预警分析工作，实现将原有事后处置模式，转变为事前预测、提前预警，输出辅助建议，真正实现台区电能质量管理的智能化、高效化，最大程度降低低压用户低电压事件发生的概率。

## 二、调度负荷预测

### （一）背景介绍

准确的负荷预测是保障电力平衡的关键，目前的区域负荷预测主要依靠调度员的经验判断，依据相似日判定、分行业预测等原则开展，普遍存在面对极端性转折性气象、一天内短期负荷变化时预测不准的问题。新老调度员的交替过程中负荷预测经验很难实现传承，传统人工普查、负荷站调查、数据整理和离线负荷建模方式的人工成本高，时间周期长，无法常态化开展负荷分析及建模工作，难以满足电网稳定计算需求。因此亟须通过大数据和人工智能等数字化技术与调度业务的深度融合与应用，将人工经验与算法有机结合，形成更精细的神经网络预测算法，挖掘负荷数据在时间序列上的潜在规律，量化气象等因素对负荷水平及变化的影响，实现负荷预测能力提升。

### （二）应用详情

1. 重要信息一眼可见

通过“预测看板”功能，可以查看今日预警、明日预警、明日预测值和明日气象预报（温度、湿度、风力、风速），一眼可见次日负荷预测的重点预警内容、具体的预测结果及相关气象参数（图 3 - 39），从而更好地为接下来的调度工作做出合理的安排与决策。

2. 预测结果详细展示

通过负荷预测功能，详细展示基于人工智能的负荷预测算法模型跑出的全域

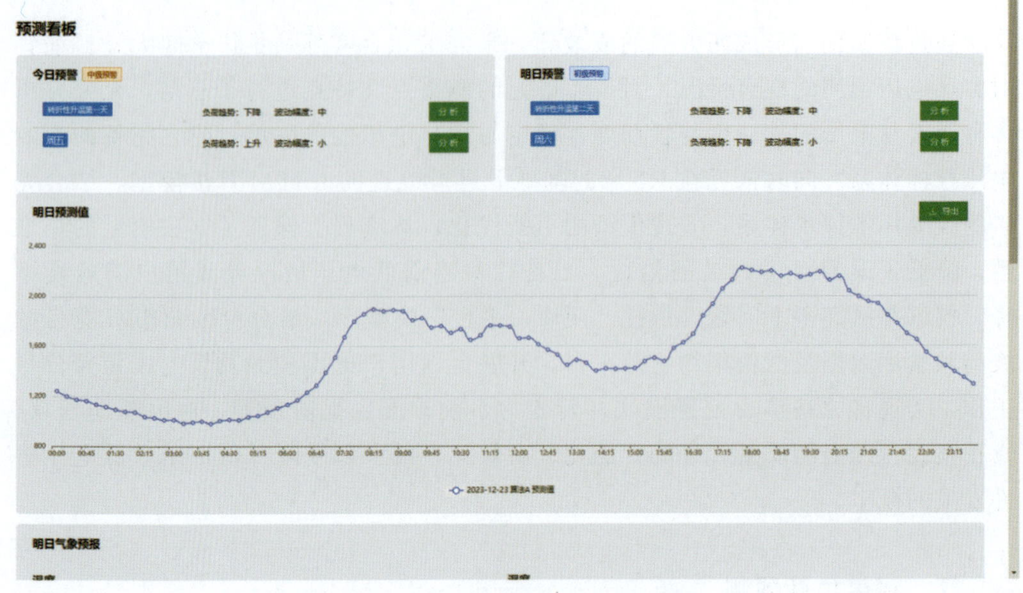


图 3-39 电力负荷预测系统预测看板

负荷预测结果，并统计每日和月度最大、最小负荷准确率及平均准确率。该算法对于时序数据的特征提取能力非常强，它能更全面、准确地捕捉并处理各种复杂、动态的时间序列数据模式，如转折性升降温、持续性升降温时负荷与温度的特征关系提取；利用该算法，可以处理更复杂的数据关系，且预测性能更优，如不同气象要素、季节变化、异常数据等（图 3-40）。此外，该算法在很大程度上解决了过拟合的问题，使得模型的泛化能力更强，能够更好地适用于各种预测场景，如：极端天气、五一假期、十一假期、春节等。

3. 特定场景专项分析

通过分析工具功能，选择对应场景的分析工具后，快速展示该场景最近 3 次记录周期内的最大负荷和平均负荷变化，同时展示近 3 次情况前后各 2 天的负荷、气象等数据。做到了对人工智能预测结果的可解释性，在业务人员进行预测时，可通过平台选取适合预测场景的微模型，更好地理解和信任预测结果，进而提升预测工作效率和预测数据质量，实现了负荷预测的可信、可解释，有力地支撑和保障了电网安全稳定运行。

4. 气象数据多维掌握

通过气象预报功能，可以分别查看历史气象数据和未来两日气象预报数据，点击天级气象数据后的“24 小时数据”，即可查询当日小时级温度、湿度、风速、降雨等详细信息（图 3－41）。

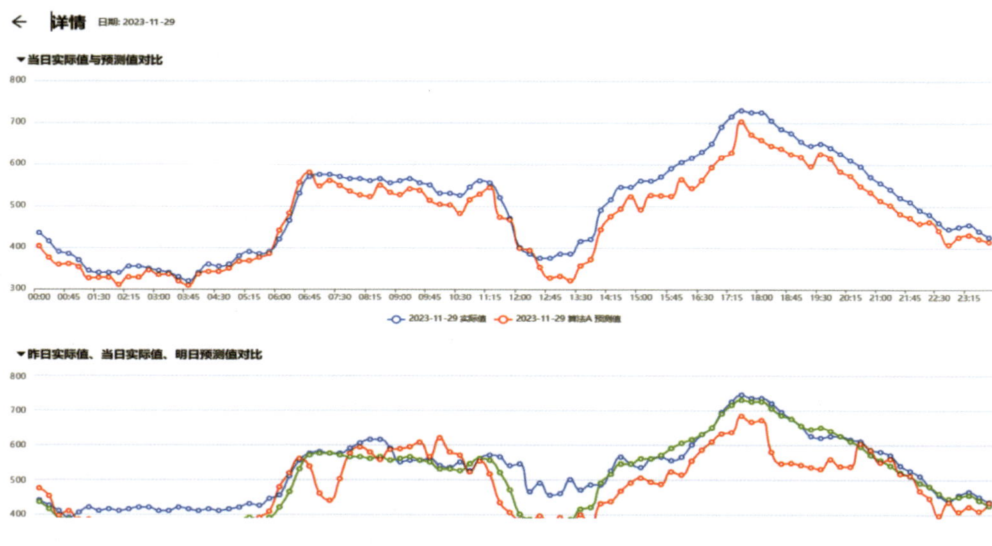


图 3－40　负荷预测结果详细曲线

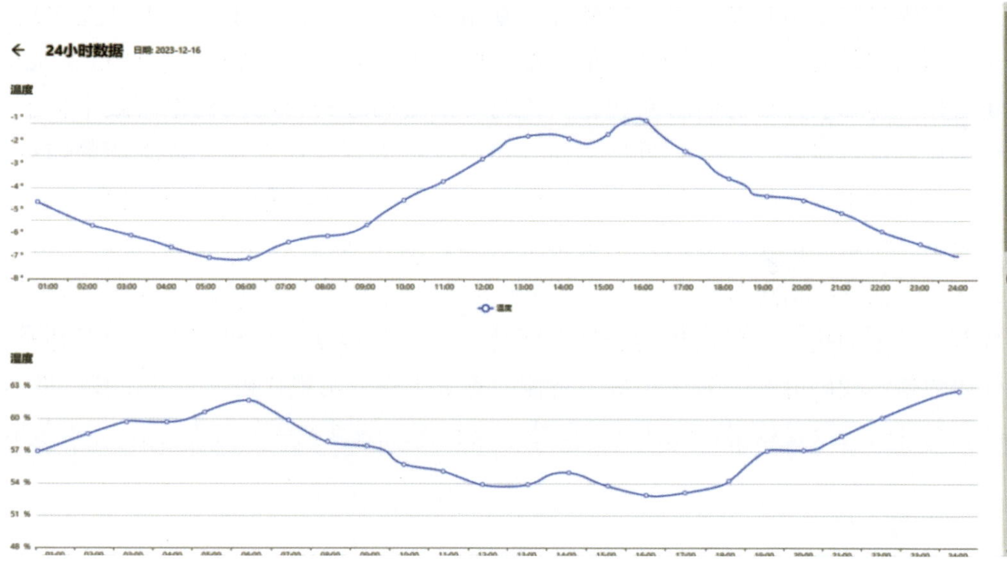


图 3－41　小时级气象数据

5. 预警信息深入分析

通过负荷预警功能，可以根据后台设置的预警逻辑（气象变化情况、日期属性、特殊事件影响程度等），基于次日输入数据产出预警信息（初级预警、中级预警、高级预警），点击预警分项后的“分析”按钮，即可跳转至对应场景的分析工具，查看历史该场景下的负荷变化情况，进一步辅助业务人员进行负荷分析。

### （三）成效总结

依托电力负荷预测辅助平台，形成三方面主要成效。一是提升了调度人员工作效率。算法接入了气象数据、负荷数据和各种影响数据，每日自动输出次日负荷预测结果，由传统人工预测转变为算法支撑，极大地解放了人力。二是提升了负荷预测准确率。综合应用负荷预测、分析工具等功能，提升了日前负荷预测准确率，尤其在极端天气场景下，为调度提供了较大支撑，辅助调度部门提前做好发电计划，合理安排电源结构。三是负荷预测系统界面简洁，功能清晰，业务人员上手操作简单，减少了人员培训成本，缩短新老调度员交替周期。

## 第十二节　研——代码研发

### （一）背景介绍

代码研发作为开发工作者的核心与基础性工作，不仅关乎项目的功能实现，更是影响交付质量、开发周期及维护成本的关键因素，不仅要求高度的精确性和逻辑性，还要求持续的创新和优化。传统手工编码方式存在代码编写效率低下、代码质量难以保障、代码一致性不高、代码维护困难、代码学习成本高等痛点，亟须引入人工智能技术，以实现编程的自动化和智能化，从而显著提升代码开发的效率和质量。依托先进的人工智能大模型，结合 NLP 技术，我们可以将用户输入的自然语言描述转化为可执行的代码。这一技术不仅能够根据用户的描述生成符合需求的代码片段，还能开展单元测试、代码搜索、代码评审、代码补全、代码纠错、代码解释、SQL 生成、智能问答等工作，实现代码的自动生成，助力基层提升代码开发效率，降低开发门槛，支撑人工智能技术在基层全面应用落地工作。

### （二）应用详情

1. 代码生成/补全

代码自动生成技术可以根据需求快速生成基础代码，帮助开发者快速搭建框架，缩短开发周期，或者根据开发者输入的代码片段，自动推荐合适的代码补全选项（图 3－42）。在编写代码时，它能够根据上下文自动推荐函数、变量和代码片段，减少开发者的输入时间。利用智能补全能力不仅提高了编码速度，同时降低了手动输入错误风险。

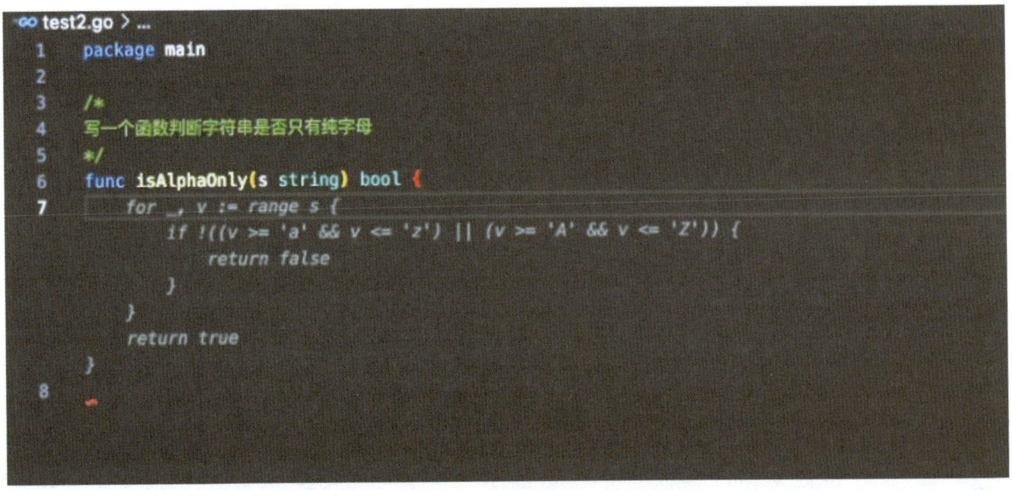

```
test2.go > ...
package main

/*
写一个函数判断字符串是否只有纯字母
*/
func isAlphaOnly(s string) bool {
    for _, v := range s {
        if !((v >= 'a' && v <= 'z') || (v >= 'A' && v <= 'Z')) {
            return false
        }
    }
    return true
}
```

图 3－42　代码补全

2. 代码纠错/调试

通过内置的智能算法和规则库，能够对代码进行深入的语义分析，尝试识别出潜在的逻辑错误。实现实时错误检测，开发者可以在编写代码的过程中就及时发现并修正这些错误（图 3－43），包括拼写错误、缺少分号、括号不匹配等导致程序崩溃或行为异常等错误，从而避免了后期烦琐的调试工作。

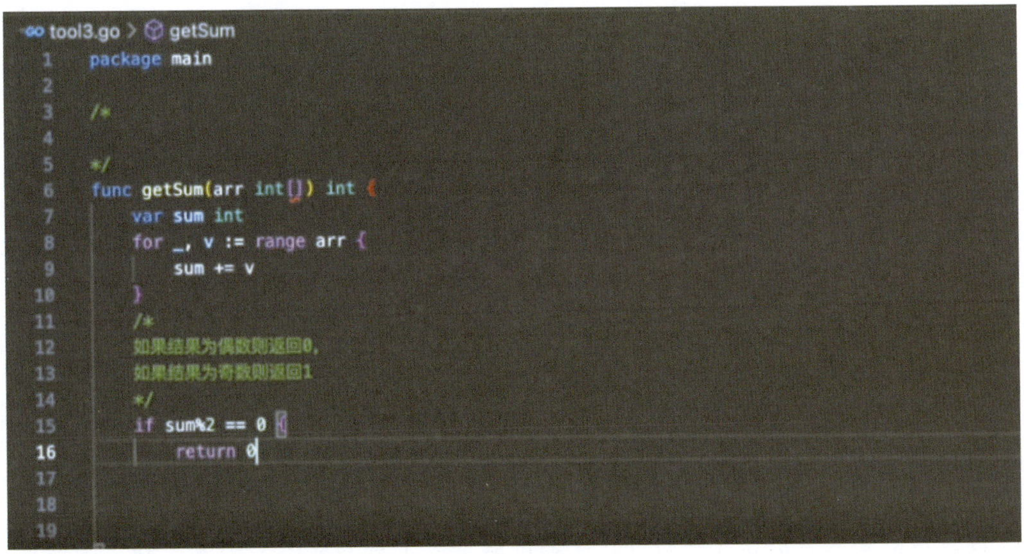

```
tool3.go > getSum
package main

/*

*/
func getSum(arr int[]) int {
    var sum int
    for _, v := range arr {
        sum += v
    }
    /*
    如果结果为偶数则返回0,
    如果结果为奇数则返回1
    */
    if sum%2 == 0 {
        return 0
```

图 3－43　代码纠错

3. 代码优化/重构

代码自动生成工具可以提供的代码优化建议（图 3－44），包括简化复杂的逻辑结构、替换低效的算法，代码自动生成技术可以根据现有的代码生成优化后的代码，帮助开发者提高代码质量和运行效率，提升程序的运行性能和可读性。

```
test3.py > ...

def generate_integers(a, b):
    """
    given two positive integers a and b, return the even digits between a and b ,
    in ascending order.
    For example:
    generate_integers(2, 4) =>[2, 4]
    generate_integers(3, 7) => [4, 6]
    generate_integers(1, 10) => [2, 4, 6, 8, 10]
    """

```

图 3－44　代码优化

4. 代码解释/注释

代码自动生成工具不仅能够高效地生成代码，还能对复杂的代码块提供详尽的解释和说明，通过深入分析代码的结构、逻辑和算法，提取出关键的信息和要点，以通俗易懂的方式呈现给开发者，包括代码的作用、功能、输入输出、处理流程、关键变量和函数的用途等，可以帮助研发人员更快地掌握编程的基本概念和技巧，理解代码的工作原理和实现方式。

## （三）成效总结

依托代码自动生成工具，形成三个方面的应用成效。一是开发效率提高。通过代码自动生成技术，开发者可以快速生成基础代码和重复代码，减少手动编写工作量。同时，产品还提供智能补全和实时反馈功能，帮助开发者快速调整和优化代码，提高开发效率。研发团队使用代码自动生成技术后，开发效率提高了30％以上。二是代码质量提升。代码自动生成技术能够根据模板和最佳实践生成高质量的代码，减少手动编写带来的错误和漏洞。同时，还提供代码审查和优化建议，帮助开发者提高代码质量。代码自动生成工具的使用大幅度提升了国网河南电力的项目代码质量。三是开发成本降低。代码自动生成技术能够减少开发者的手动编写工作量，降低开发成本。

# 第十三节　说——AI 数字人

## 一、数字人

### （一）背景介绍

随着人工智能和机器学习技术的不断突破和发展，AI 数字人作为这一领域的创新产物，其市场需求正呈现出蓬勃增长的态势。这一趋势不仅反映了技术进步对各行各业产生的深远影响，也预示着未来数字化转型的广阔前景。特别是在传统行业急于寻求数字化转型路径以及迫切需要通过技术创新实现降本增效的大背景下，AI 数字人业务需求将进一步释放。电力行业不仅关乎能源供应的安全稳定，还直接影响到国家经济的发展和社会的正常运行。然而，随着电网规模的扩大、运维复杂性的增加以及智能化要求的提升，电力行业面临着人力成本持续上升、资源分配不均、效率亟待提升等多重挑战。在这样的背景下，AI 数字人技术的引入无疑为电力行业提供了一个破解难题的新思路。

### （二）应用详情

1. 拟人形象

拟人形象作为 AI 数字人的外在表现形式，是其与真实世界交互、吸引用户注意并传达信息的直观载体。这一形象的塑造，依赖于一系列高度专业化的技术，旨在创造出既符合人类审美标准又具备高度交互性的虚拟实体。其中，计算机图形学、计算机视觉以及语音合成技术发挥着至关重要的作用，它们共同协作，生成了 AI 数字人逼真生动的图像、动作和声音。

2. 交互能力

依托 NLP 技术、语音识别、图像识别以及情感分析等一系列先进技术，AI 数字人能够接收并解析来自用户的信息，并能够进一步准确理解用户的意图和情绪，进而生成恰当的回应和反馈，形成流畅的对话与沟通。基于深度学习的意图和情感识别方法，使得 AI 数字人在交互过程中展现出了高度的智能性和灵活性。能够根据不同的场景和用户需求，自动生成多样化的回应和反馈，形成个性化的对话体验（图 3－45）。

### （三）成效总结

国网河南信通公司依托 AI 数字人，完成了百余次的智能展厅讲解，为参观者带来了更加优质、高效的参观体验。一是 AI 数字人通过提供个性化、高效的

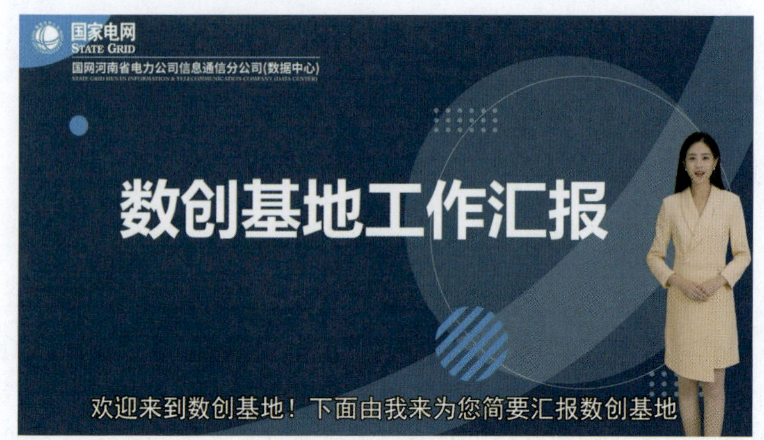


图 3-45 展厅讲解

讲解服务，大大提高了参观者的满意度和体验感。二是 AI 数字人通过自动化和智能化的方式，实现了 24 小时不间断的讲解服务，大大降低了展厅的运营成本和管理难度。三是通过集成数字化、智能化和网络化等信息技术手段，为展厅提供了更加先进、高效的讲解方式和服务模式，推动了展厅的数字化和智能化转型。

## 二、95598 客服智能外呼

### （一）背景介绍

国网公司统一 95598 用电服务热线，面向全国 26 个省（市）的电力客户提供故障报修、业务咨询等用电服务业务，服务客户达 4.79 亿户，年均电话呼入量逾 7 亿通。随着中心业务渠道及业务范围不断拓展，以下问题逐渐凸显：一是客户移动式、多样化的服务需求增加，需更多客服专员向“网上国网”等在线服务渠道转型，保持传统业务渠道接通率、满意率指标保持平稳的压力增大；二是电力用户对用电服务品质要求日益提升，建立覆盖全量工单的质检及服务质量管控体系，进一步做好优质服务工作，防控服务舆情风险势在必行；三是电力服务精益化程度不断提升，业务受理中需查询的用电基础信息、电力服务知识大幅增加，简单重复工作量增多，基层减负增效问题亟须解决。为应对上述问题，深入运用语音识别、语音合成、语义理解等人工智能技术，从客户服务、座席辅助、运营管理三个维度开展智能客服体系建设，通过语音识别、语义理解、语音合成辅助构建中心智能服务体系，打造 AI 基础平台和 AI 运营平台，赋能智能客服、智能座席、智能运营三大应用，提升客户智能感知，提高座席工作效率和中心运营效能，提升运营管理水平。

## （二）应用详情

1. 整体思路

95598 智能客服应用从客户服务、座席辅助、运营管理三个维度开展智能客服体系建设，一是对业务量大、重复率高、标准化程度高的业务场景，建立“自动应答＋人机协作”服务支撑模式，分流人工座席业务；二是完成智能填单、敏感服务事件识别、服务轨迹展示等场景建设，构建“机器座席＋人工座席”全面融合的智能座席，降低座席工作强度；三是实现客服过程数据、客户热点诉求等数据的自主学习，提供岗前培训，通过人机对练提升培训效率，实现客服中心的智能化服务运营。

2. 总体架构

语音语义人工智能包括构建语音识别、语音合成、机器翻译、语义理解、人机对话、知识图谱等六大核心能力引擎（图 3－46）。通过数据采集＋知识抽取＋知识融合＋知识加工＋知识储存五个过程，利用大数据分析服务对日常业务的聊天记录、词条、文档等内容进行数据实体属性关系抽取，利用知识建设工具＋人工优化方式进行知识加工，生成支持全省用户问答咨询的知识图谱服务。

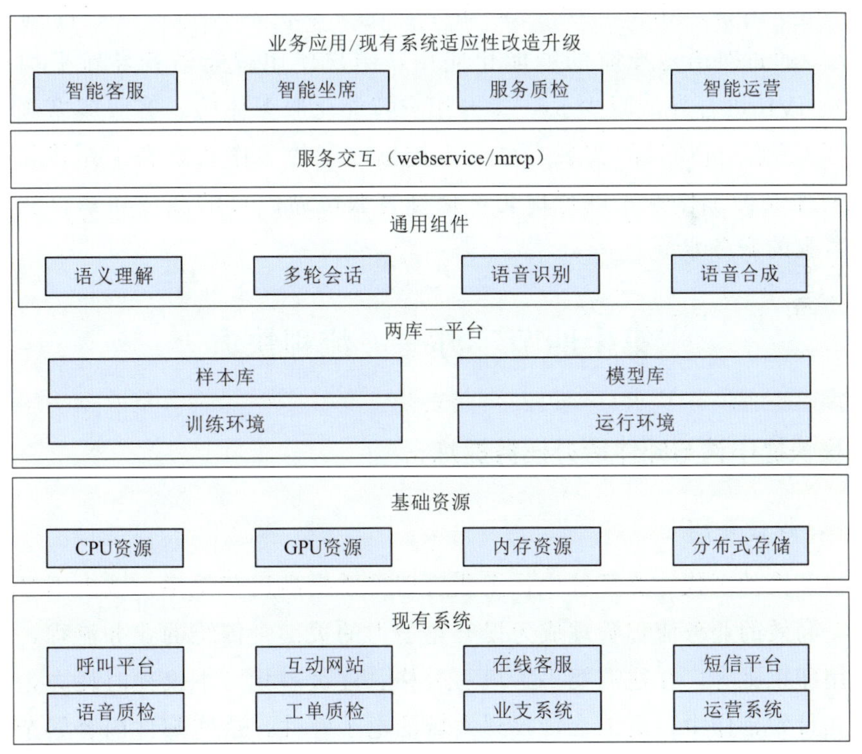


图 3－46　总体架构

3. 业务功能

基于语音识别、语音转写、自然语言理解、机器人学习内容等智能化技术手段构建智能客服体系，支持多渠道接入，提供智能路由、智能辅助、语音转化的接待服务，建立统一的线上客服受理平台、智能应答文本机器人、智能语音导航、语音转译、知识图谱等智能化功能。整合中心现有智能语音服务，具备普通话、英语离线及实时语音识别能力，支持中文、英语语音合成。基于自然语言理解（natural language understanding，NLU）技术，结合对话环境和上下文对话内容，实现多轮对话的客户意图理解。支撑河南全省电力用户进行营销等业务的相关咨询、故障咨询等知识检索需求。

### （三）成效总结

智能客服体系已在国网河南电力推广使用，截至2024年年底，共受理用户来电14万余个，线上客服智能受理平台受理用户咨询1万余个，接待用户2000余位，接待用户会话消息数2.2万余个，通过线上客服智能受理平台分流了部分话务量，从而话务量同比2020年降低18.45%。通过知识图谱对各类信息系统运维知识进行提炼加工，整理知识6000余条、知识关系5.7万余个、知识问题6000余条、相似问法1600余个，使文本机器人知识应答准确率增长11.53%。通过对语音导航的智能化应用，用户使用智能语音导航平均接入时间较传统IVR语音导航减少8s，提升用户智能化服务体验。客服座席画像分析及座席承载力分析场景的实现，可深入挖掘座席的工作状态和工作特征，有针对性地对座席的工作方式进行优化，提升客服座席人员的服务质量，从而提高95598客服的服务水平。

## 第十四节　办——流程快办

### 流程快捷申请与邮件待办任务提炼

### （一）背景介绍

在快节奏的现代企业环境中，企业迫切需要提高运营效率，减少不必要的行政负担，高效的业务流程管理成为提升竞争力的关键。传统的业务流程，如请假申请、用印审批等，往往需要手工填写表格、逐级审批，不仅耗时耗力，且容易出错。在日常工作中，员工会接收到大量的电子邮件，这些邮件内容繁杂，相关信息和任务容易被淹没在庞杂的信息流中，重要的工作任务易遗漏。为了解决这些问题，通过集成 NLP 技术和自动化流程，实现了业务流程的快速申请。员工只需简单表述需求，系统即可自动识别关键信息并完成初步处理。另外，实现自动提炼邮件中的待办任务，将其结构化并推送给相关人员，确保及时跟进。这种方式不仅显著提高了工作效率，还减少了人工干预带来的错误，为企业的日常运营提供了强有力的支持。

## （二）应用详情

1. 流程快捷申请

用印、请假流程涉及多个环节，耗费大量时间和精力。使用 NLP 技术解析用户的自然语言输入，理解用户的意图识别出用印、请假请求中的关键要素，自动处理员工请假申请和印章使用审批等常规事务。通过简单的语音命令或文字输入来实现“一句话用印、一句话请假”，极大地简化了用户操作，提高办公效率，用印、请假流程申请效率提升 60%以上（图 3-47）。

图 3-47　一句话请假

2. 邮件待办任务提炼

针对工作中接收邮件数量多，筛选待办任务耗时费力，容易忽略或遗忘邮件中的关键任务和截止日期等问题，利用大模型技术，自动从邮件中提炼出待办任务，并按照时间维度进行组织，避免任务遗漏，减轻了手动整理的压力，使员工能够更快地识别和处理关键任务。一是邮件接收与解析，通过 RPA 技术自动获取电子邮件，并对邮件内容进行解析，提取出邮件正文、附件以及相关信息。二是利用 NLP 技术对邮件内容进行语义分析，识别出邮件中的关键意图和任务描述。三是任务提炼与创建，系统根据邮件内容自动提炼出具体的待办事项，并创建对应的待办任务条目。这些条目通常会包含任务描述、截止日期、负责人等信息（图 3－48）。

图 3－48　邮件待办任务提炼

## （三）成效总结

依托智慧流程快办，形成三个方面的应用成效。一是提高工作效率。自动化处理减少了人工操作的时间消耗，快速申请流程使得任务发起更为便捷，缩短了从申请到执行的时间，用印、请假流程申请效率提升 60%以上，待办任务管理效率提升约 55%。二是减少任务遗漏。NLP 技术准确识别申请内容，降低了信息录入错误的概率，自动化提炼邮件中的待办任务避免了可能出现的遗漏或误记。三是降低运营成本。减少了用于处理重复性管理任务的人力资源，提高了资源利用率，确保每一项工作都在最优条件下执行。

# 第十五节　认——行为识别

## 人员行为识别

## （一）背景介绍

随着科学技术的不断发展，各供电企业的生产技术水平也日新月异。生产技术水平的不断提高对管理水平也提出了更高要求，企业现场作业风险管理正是管理中极其重要的一个环节。人员行为检测是确保电网安全稳定运行的重要手段之一。传统的人工巡检方式存在效率低下、实时性差、易受天气等因素影响的问题，亟须通过技术手段实现人员行为的有效监测与管理。借助现代信息技术，如视频监控、AI图像识别等技术，可以在无人值守的情况下实时监控工作人员的操作行为，及时发现并纠正违规行为，保障电网的安全运行。

## （二）应用详情

1. 视频监控与智能分析

通过安装在电网关键位置的高清摄像头，实现对现场作业人员的行为进行24小时不间断监控。利用“AI行为分析”功能，对采集到的视频数据进行实时分析，自动识别出如未戴安全帽、未穿绝缘鞋等不符合安全生产规范的行为。一旦发现异常行为，系统立即报警并记录，提醒管理人员及时采取措施。

2. 作业行为规范检测

通过采用行为规范检测并根据电网作业安全规程，制定一系列行为规则。当现场作业人员的行为与设定规则不符时，系统会自动触发预警机制。例如，检测到作业人员在高压设备附近没有佩戴防护装备，或者在没有监护的情况下独自作业等情况，系统将通过声光等方式提醒作业人员，并向后台发送警报信息。

3. 人员轨迹追踪与分析

通过“轨迹追踪”功能，记录作业人员在电网区域内的移动路径。分析人员行动轨迹，判断是否存在进入危险区域、超时停留等违规行为，如图3-49所示。利用“行为模式分析”，对历史轨迹数据进行学习，建立正常作业行为模式，从而及时发现异常行为并加以干预。

4. 支撑安全管理工作的开展

依托人员行为检测系统开展上述应用，实现对电网区域内人员行为的实时监控与分析，及时发现并纠正违规行为，有效预防安全事故的发生。例如，通过行为检测系统发现作业人员在高空作业时不按规定使用安全带，

图3-49　分析人员行动轨迹

及时制止并进行了安全教育；通过对作业人员进行行为模式分析，识别出习惯性违章行为，并制定针对性的培训计划；利用智能分析功能，在变电站检修期间发现工作人员未按规定穿戴防护服，迅速采取措施防止潜在事故的发生。这些措施都为电网的安全运行提供了保障。

### （三）成效总结

依托人员行为检测系统，形成了三个方面的应用成效。一是实践线上作业模式大幅提升了工作效率。通过视频监控和AI分析，实现了对人员行为的实时监控，减少了传统人工巡查的时间和人力成本。二是深化实用化研究，切实提高应用成效。综合应用视频监控、AI图像识别等功能，有效支撑了电网安全管理工作的开展，有力辅助电网安全管理。三是积极开展应用推广，全面发挥示范效能。将案例的应用模式和分析方法延展到变电站重过载预警、各电压等级区域人员行为监测等领域，对推动电网安全管理现代化、充分发挥技术赋能作用提供了有益参考。

## 第十六节　判——故障研判

### 一、110kV电缆的通道风险研判

### （一）背景介绍

近年来，伴随着城市快速发展，某市区高压电缆覆盖率达95%以上，电缆的高覆盖率导致电缆外破风险剧增。通过构建110kV电缆的通道风险数字化感知场景，实时在线监测电缆通道周围环境的振动情况，对威胁电缆安全的机械施工、人工挖掘和自然灾害等破坏事件进行事前预警和定位，破解人工巡查频次高、巡查效率低及难以及时精准发现电缆外破位置等问题。

### （二）应用详情

通过打造集信息采集处理微应用、智能监测预警微应用、移动作业管控微应用为一体的微应用群，实现“感知、监控、分析、预警、指挥、作业”全业务链条线上管理（图3－50），实现隐患提前预警、故障类型主动上报、故障点精准定位目标，提高电网运维巡检效率，提升110kV电缆运行状态的全面管控能力，助力输电专业数字化转型和智能化提升。

1．数据核查及治理

完成现场110kV电缆线路勘察，对于机房、标示桩、行政村、厂区、线路交

图 3-50　全业务链条线上管理

叉点、线路穿越点及拐点等信息进行采集，根据采集信息与电网资源业务中台信息进行核对，进一步完善输电线路台账信息，以满足输电线路安全预警需求，以及支撑其他物联网监控等相关应用。

2. 信息采集及处理

利用110kV电缆同沟敷设的光纤资源，实时采集光传导信号并将其转化为数字信号，并通过振动信号的幅度判断、频谱分析、模式识别、特征提取等数据处理手段，分析光信号多参量特征与振动事件的关系，建立数据关系对应模型，即可对光纤是否遭受外破及其信号状态进行识别判断，从而对同沟敷设高压电缆外破进行监测和预警。

3. 边缘物联代理数据传输通道贯通

打通采集装置—物联管理平台—人工智能平台数据传输通道，将光纤振动数字信号通过三型边缘代理设备传输至物管平台消息队列，根据算法模型训练、推理需求，实现从消息队列自动获取数据并存储在人工智能平台样本库。

4. 防外破分析模型构建及优化

通过借助人工智能机器学习，建立外破分析模型并持续优化学习，包括人工挖掘、重型机械挖掘行为、钻孔行为等模型，提高识别准确率，实时在线监测电缆通道周围环境的振动情况（图3-51），对威胁电缆安全的机械施工、人工挖掘和自然灾害等破坏事件进行事前预警和定位，提高了运维人员线路巡检效率、事故响应能力和故障排查能力。

### （三）成效总结

截至2024年年底，某公司已设置监测点位437个，累积收集告警事件2540条，触发工单530次，数据感知及时率达100%，隐患风险识别率达98%，故障平均抢修恢复时长大大降低，减轻了输电运维人员巡视压力，提升了电缆运行的可靠性。

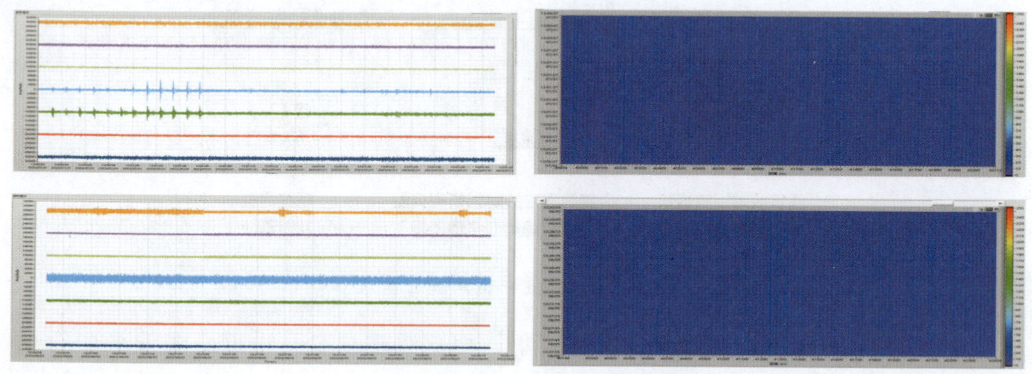

图 3－51　电缆振动情况在线监测

## 二、通信光缆振动监测

### （一）背景介绍

随着城市改造步伐的加速，城区电力管线内电缆及光缆等设施常因市政施工而被挖断，造成电网事故，特别是早期敷设的电力光缆，存在竣工资料不全、线路动迁而没有及时修正记录等问题，加之施工人员不具备保护意识，导致地埋光缆频繁遭受外力破坏，造成严重通信事故和重大损失。据不完全统计，超过 60% 的地埋光缆突发故障是由非法外力破坏所致，包括地下光缆通道空间型腔发生外力破坏，造成光缆扭曲等外力破坏；也存在机械施工直接对光缆造成物理损伤，导致损伤故障。近年来，国网系统重要城区的光缆频繁因市政施工外力破坏而出现故障。然而，当前对于电力管线的外力破坏，主要依赖事后修补，缺乏有效的预警机制。传统的人工定期巡视方式属于被动防护，且由于地埋光缆覆盖广泛，难以实现全面、实时的监控，因此光缆受损事件频发，且故障定位困难。基于此，迫切需要引入人工智能技术，开展光缆振动监测应用，以实现对光缆安全的智能监控和预警。

### （二）应用详情

1. 实时监测与预警

光缆振动监测应用采用分布式光纤传感技术，实现了对地下电缆振动情况的实时、精准监控。该技术采用多重模式识别方法，高效提取振动信号，能够及时发现光缆外部破损情况，使庞大的地下电力管线系统具备“纤网先知”的能力，有效解决了传统管道运维中人工巡视难以迅速发现外破事件的难题。利用光缆防外破振动感知技术，将沟道光缆中的一芯冗余纤芯转化为传感器，建立了通信光纤参量频率变化与外力破坏事件引发的振动变化之间的关联模型，进而对整条光缆 5m 范围内的振动信号进行 24 小时不间断的在线监测与数据采集。结合先进的信号处理技术和大数据分析手段，工作人员可对光缆通道附近的机械作业和人为破坏等事件展开迅速判断与准确定位，第一时间向运维人员发出光缆外破事件预警信息，为快速、精准的抢修工作提供有力指导，从而显著提升通信光缆的运行管理水平。

2. 智能识别与处理

分布式光纤振动监测系统基于先进的视频流比对技术，实现了高清图片的智能化跟踪处理，对高频视频图片进行高效、智能的处理与快速比对，从而能够迅速捕捉并处理高清的外破图片，确保对各类外力破坏事件的即时响应。同时，系统将监测到的结果实时上报，为运维人员提供及时、准确的信息支持。为了进一步提升预警系统的准确性和可靠性，引入了大数据技术。通过大数据的深度分析与挖掘，系统能够有效地排除各种复杂干扰因素，从而更加精准地区分不同类别的外力破坏事件。这不仅提高了预警的准确率，还大大减少了误报和漏报的情况。此外，该系统还具备实时数据分析的能力。通过对海量数据的深度分析，系统能够预测电缆的运行状态，及时发现潜在的安全隐患。这为运维人员提供了科学的维护建议，能够有针对性地制定维护计划，确保电缆系统的安全稳定运行。

3. 识别类型与场景

利用机器学习算法对大量样本数据进行深度智能训练，持续迭代和优化模型，实现场景、类型的自主分析研判能力，确保了预警信息实时准确，同时为辅助决策提供了更为精准的数据支撑。基于现有识别分析预警能力，进一步开展对样本数据的精细化分类与组合，满足多场景的交互应用需求。无论是复杂的城市环境，还是多变的自然环境，系统都能展现出强大的适应性和稳定性。目前，光缆振动监测模型已经具备了智能识别振源类型的能力，用于记录包括挖掘机、破路机、铲车、压路机等多种施工机械产生的振动类型。通过收集这些真实世界的振动数据，利用随机森林算法，成功建立了包含机械施工、人工开挖等 32 种振源模式的识别库，见表 3－2。这一识别库不仅能够智能识别挖掘机、铲车等多种常见的施工机械，还能有效滤除河流、公路等自然或人为环境产生的振动干扰。

表 3-2　振源模式识别库

| | | |
|---|---|---|
| 有害事件 | 挖掘类施工 | 大、小挖掘机挖土填土 |
| | | 大、小推土机推土 |
| | 破拆类施工 | 大挖机炮锤 |
| | | 打桩机 |
| | | 电锤 |
| | 顶管 | 顶管 |
| | 人工挖掘 | 人工挖掘 |
| | 其他 | 其他不明事件 |
| 无害事件 | 工程机械行驶 | 大、小挖机行驶 |
| | | 大、小推土机行驶 |
| | | 大、小压路机行驶 |
| | 发电机 | 发电机 |
| | 行为归类 | 汽车、行人、船只经过 |
| | 环境干扰 | 公路、绿化带、隧道、高架桥、铁路、居民区、农田、河流、潮汐、工厂、风 |

### （三）成效总结

目前，通过连接光缆中的 1 根光纤完成了对 28km 的 220kV××变电力管线实时监测覆盖。自从 2019 年 12 月装置试运行以来，已有效预警并甄别外力振动信息 40 余次，成功阻止了 3 起可能导致光缆中断的外部破坏事件，预警准确率高达近 95%，为电力光缆的及时抢修赢得了宝贵时间。光缆振动监测应用依托分布式光纤振动监测系统，形成三个方面的应用成效。一是精确定位与快速响应。基于光纤振动技术，监测系统能够对振源进行精确定位，帮助运维人员迅速找到潜在威胁的源头。这种精确定位能力有助于快速响应并处理潜在的威胁，避免电缆受到进一步损害。二是降低运维成本和提高效率。通过实时监测和数据分析，监测系统能够提前发现潜在的安全隐患，避免电缆故障导致的停电、通信中断等问题，从而降低运维成本。三是提高电网安全可靠性。光缆振动监测的应用能够构筑起一道防范电网外力破坏的“防护墙”，确保电网的安全稳定运行。

## 三、配网开闭所智能巡检

### （一）背景介绍

开闭所是配网底层最基本单元，承担将电力由高压向低压输送的重要任务，某市共有 228 个开闭所，依赖传统人力巡检存在运维人员短缺、巡检范围不全面、巡检质量难以保证等问题，为提升中压配电可观可测可控能力，支撑配网开闭所精益运维，基于省侧人工智能平台、配电云主站，利用物联管理平台、统一视频平台开展配网开闭所智能巡检应用与实施。通过收集省域开闭所内各类型设备图片信息，建立涵盖多类型设备的可推广、可复用的开闭所设备样本库，开展开闭所内开关柜指示灯亮灭、数字仪表、综合指示仪、火灾、烟雾等八类应用场景人工智能算法研发，将算法识别结果与传感器数据结合形成综合研判，有效提升告警信息可靠性，减轻基层一线运维压力。

### （二）应用详情

1. 构建配网开闭所设备样本库，提升样本汇聚共享能力

通过高清摄像头采集、“两库一平台”样本库、网络下载等方法，完成指示仪、指示灯、电流表、压板、动环五大类 7 万余张图像样本采集、筛选，针对缺陷场景建立标注规范，形成可供算法训练优化的专业数据集（图 3－52）。后续计划将样本库纳管至省侧人工智能平台，为省内开闭所人工智能巡检算法适配性改造提供帮助。

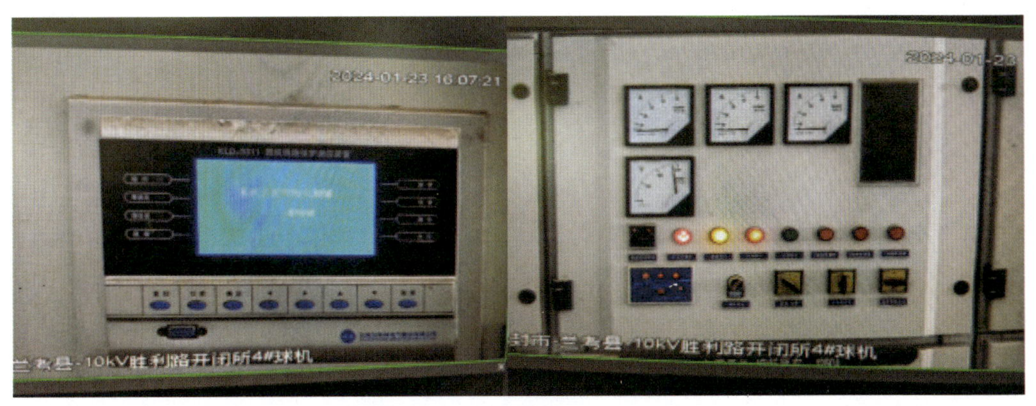


图 3－52　开闭所设备样本库

2. 构建人工智能目标检测算法，创新应用开闭所智能巡视

参考人工巡检模式，结合开闭所设备特征和环境特征，针对各类图片样本进

行数据预处理、特征提取和分类，创新应用人工智能算法对开闭所内开关柜、动环信息自动监测识别，以业界性能优秀的 YoLoV5 算法为基础，通过多层卷积神经网络的深层次卷积与池化操作，自动学习并提取用于区分不同目标物体的高级抽象特征，针对模型测试结果进行参数调整和网络结构优化，算法平均精确度达到 94.5%，实现对开关柜指示灯颜色、亮灭、仪表状态、压板状态的实时监测识别（图 3-53）。

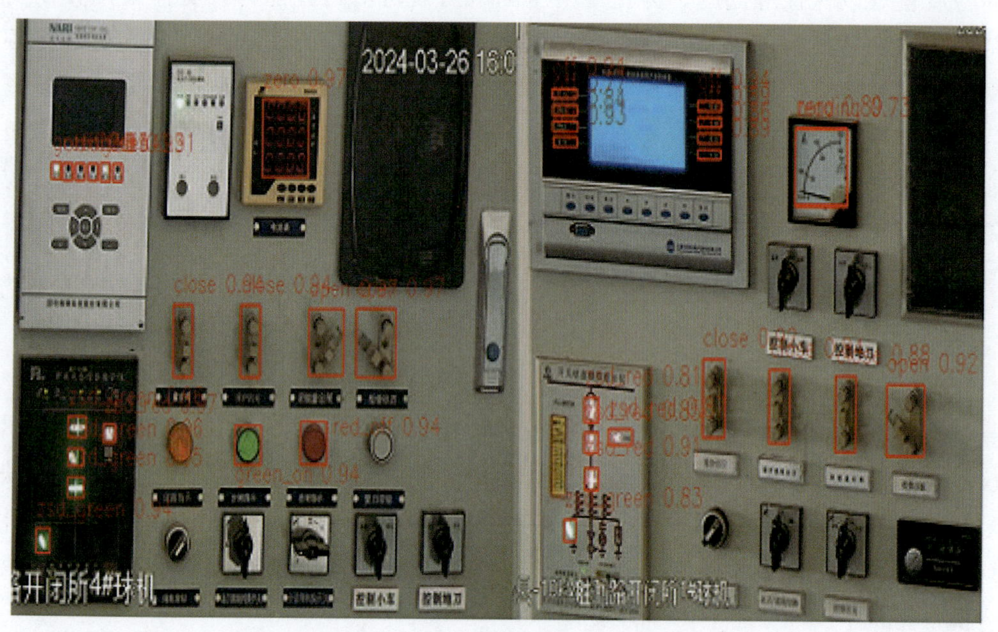


图 3-53　算法识别效果

3. 打造多元感知信息综合研判，生成分钟级巡检报告

创新建立“算法＋动环”软硬件融合开闭所动环异常研判模式，将传感器数据与算法识别结果按设定规则和阈值形成综合研判，大幅提高动环告警准确性，并参考开闭所巡检报告内容将每次巡检结果生成分钟级电子巡检报告，实现巡检留痕，方便运维人员查阅、审核巡检结果，实现异常告警双保险。

4. 构建 i 国网配网状态监测，为基层员工减负增效

在物联管理平台构建物联模型，根据开闭所现场需要灵活将温度、湿度、水位、水浸等边缘侧信息融合接入 i 国网配网状态监测微应用，实现移动端实时查阅开闭所内动环监测信息，并将异常信息短信告知。

## （三）成效总结

每座开闭所平均人力巡检时长大约为 45min，每月巡检时长大约为 6h，按照

每次巡检投入2人计算，每座开闭所每月可节省12h巡检工作量，每年可节省144h巡检工作量，约6人·天，某市若全部使用该应用将节省1300余人·天，有效减少工作量，缓解基层人员短缺问题。此外，通过智能化巡检实现开闭所24h自动巡检，节省人工巡检的时间和成本，提升检修效率，减少因不可预知的停电对工商业带来的损失。目前该平台已在部分地市电力公司推广应用，通过自动巡检累计发现异常信息42项，辅助现场运维人员及时发现运行异常，开展开闭所消缺工作。

## 第十七节 转——文件转换

### 一、变电专业智能成票

#### （一）背景介绍

目前，变电运维班组使用纸质文档或者Word文档，根据操作任务手动填写操作票面内容，开票耗时长，平均开票时长2h；现场操作过程中设备状态需人工校核，状态校核时，运维人员需多次往返现场与主控后台，降低操作效率，票面内容正确率无法达到100%，存在作业前重复制票、作业后频繁改票等问题，存在作业效率低的问题，作业模型有待改变。

2024年6月3日，国网设备部下发《国网设备部关于印发设备管理人工智能技术应用工作方案（2024—2025年）的通知》（设备技术〔2024〕60号），提出“开展专用规程智能服务建设、推进操作票智能成票及两票智能校验，提高运维监控人员作业质效。”亟须通过人工智能等技术来实现数据直接转变为工作票，降低人工填票负担，提升现场工作效率。

#### （二）应用详情

以人工智能平台、新一代设备资产精益管理系统为基础，利用WPS插件服务输入操作任务，结合电力设备运行知识图谱，通过对倒闸操作模型的样本采集、清洗、标注、训练与调优，实现变电站的操作票智能生成，提高班组开票效率和正确性。

1. 设备运行知识图谱模型

从电网业务中台、集控系统等平台中获取设备台账、一次设备接线图、开关设备状态、实时负荷等多源数据，现场采集压板、空开、保险开关等附属设备信息，经数据清洗、关系抽取等方法处理后，将变电站全量设备的属性、特征、关系形成“三元组”信息，构建变电站电力设备知识图谱，如图 3 - 54 所示。

2. 倒闸操作决策树模型

以变电站运行规程、电气设备操作规程、两票管理规定等倒闸操作规范为基础，通过知识提取技术构建不同电压等级、不同类型设备、不同状态转化操作的倒闸操作逻辑，经多样本训练、检测、检验，构建具有符合实际操作要求的倒闸操作决策树模型，如图 5 - 55 所示。

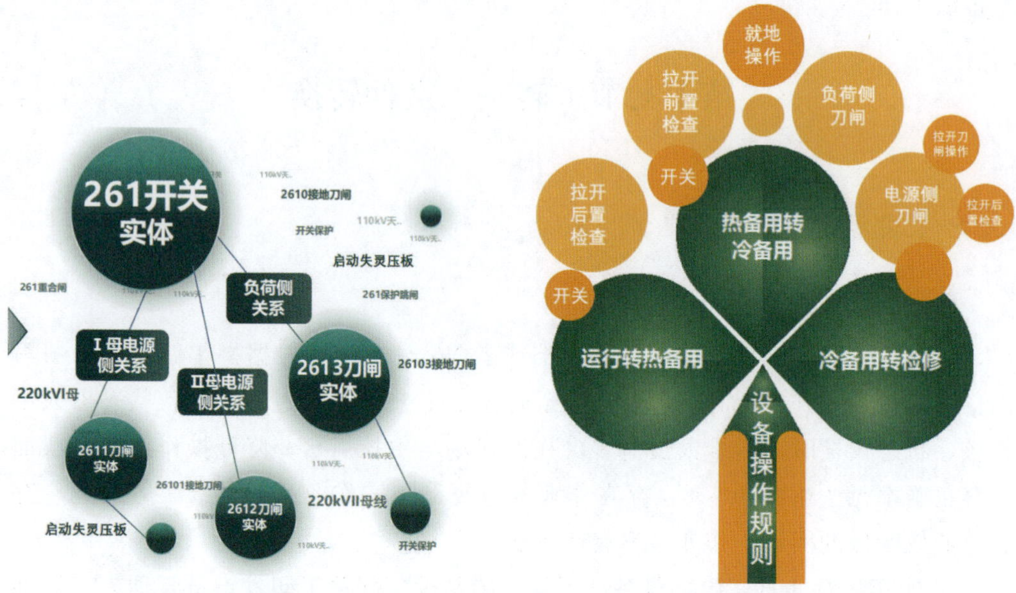


图 3 - 54　知识图谱模型

图 3 - 55　决策树模型

3. 倒闸操作智能生成

融合设备运行知识图谱、倒闸操作决策树模型等业务知识构建倒闸操作专家知识库，基于大模型，利用操作逻辑学习、关键设备关联、操作逻辑关联、成票训练等技术，结合倒闸操作管理规定、历史票、典型票等业务数据，训练优化大语言模型进行指令，构建倒闸操作智能生成专家模型。

## （三）成效总结

运维人员通过 WPS 输入操作任务，模型对其进行语义解析，获取变电站、操作设备、变化状态，结合设备运行知识图谱，进行成票逻辑推理，实现线路、主变、母线等间隔设备状态转换操作票自动生成，在操作票审核上实现“人工+智能”双校核，推动操作票编审核防控由“被动”向“主动”转变。通过基于人工智能的变电专业智能成票应用的实施，可将班组操作票质量合格率提升至 100%，平均开票时长每 100 项由 1h 缩短至 30s 内，减少了人工编写用时 90%以上，每班组人力耗时预估节省720h/年，有效释放人力资源，将运维人员从繁杂低效的劳动中解放出来，更加聚焦设备生产管理，实现班组减负、提质增效。

## 二、文档格式转换

### （一）背景介绍

在电力行业的日常运营和管理中，文件类型转换是一项至关重要的任务。电力行业涉及大量的技术文档、项目报告、设计图纸、设备维护记录等文件，这些文件通常以不同的格式存储和传输，如PDF、Word、图像及PPT等。PDF文件因其跨平台兼容性和不可篡改性，常被用于保存正式报告、合同和技术文档。Word文档便于编辑和协作，是编写技术报告等文件的常用格式。图像文件在电力设备巡检、故障排查等场景中，常被用于记录现场情况或设备状态，需要快速准确地识别和提取。PPT演示文稿在项目汇报、技术培训等场合是不可或缺的工具。传统的文件转换方法往往耗时费力，且容易出错。因此，实现PDF转Word、图像转文字、图像转PDF及PDF转PPT等，可极大地简化文件处理流程，提高电力行业的信息化水平。

### （二）应用详情

1. PDF转Word

首先，通过对PDF文档预处理，去除其中的噪声元素，如页眉页脚、水印等；运用版面分析算法来解析页面布局，区分文本块、表格、图表等不同类型的元素；其次，通过关键信息抽取技术识别文档中的重要内容，如标题、编号列表等；最后，将这些信息按照Word文档的标准格式进行重组，形成一份结构清晰、内容完整并且完全可编辑的新文档，如图3-56所示。转换后的文档保留了原始PDF文件的排版风格，同时允许用户直接在Word中进行编辑，极大地提升了工作效率。

2. 图像转文字

在电力设备巡检、故障排查等场景中，工作人员经常需要处理大量的现场照片。这些照片中往往包含了重要的设备编号、读数、警告信息等文字内容。传统的人工识别方式不仅耗时费力，还容易因视觉疲劳或识别错误而导致信息遗漏或误判。采用OCR技术，识别图片中的文字，并将其转换为可编辑的文本格式，不仅提高了识别准确率，还大幅缩短了处理时间，为电力设备的快速维修和故障排查提供了有力支持，为各领域、各专业提高人力效率，降低人力成本。

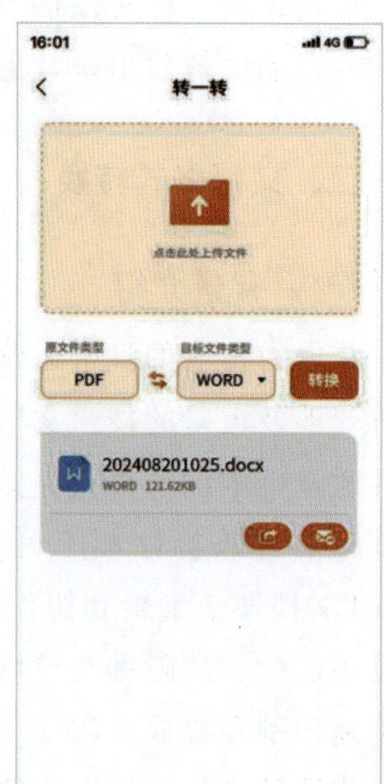


图 3 - 56 PDF 转 Word

3. 图像转 PDF

在设备维护记录、设计图纸归档等场景中，经常需要将多张图片整合成一个 PDF 文件。传统的方法是通过手动排版和打印来实现，这不仅耗时费力，还容易因操作不当而导致图片丢失或错位。图片转 PDF 功能，能够自动调整图片的大小、顺序和布局，生成清晰、专业的 PDF 文档，便于后期查阅和归档。此外，通过添加标签或注释方式，进一步丰富了图片的信息含量，提高了文件转换的效率和准确性。

4. PDF 转 PPT

在项目汇报、技术培训等场合，PPT 演示文稿是不可或缺的工具。然而，制作一份高质量的 PPT 需要耗费大量的时间和精力。特别是当需要参考大量的 PDF 文档时，手动复制粘贴内容不仅效率低下，还容易破坏原有的逻辑结构和视觉效果。PDF 转 PPT 能力，能够自动分析 PDF 文档的内容结构，提取关键页面和章节，智能布局 PPT 幻灯片，同时保留原有的图表、图片和关键信息点。不仅简化了 PPT 的制作过程，帮助用户快速完成 PPT 的制作，而且提高演示文稿的质量。

### （三）成效总结

文件类型转换技术在电网工作中的应用成效显著。主要包括以下三方面。一是提升工作效率。通过自动化和智能化的处理方式，能够快速地完成 PDF 转 Word、图像转文字、图像转 PDF 和 PDF 转 PPT 等任务，大幅缩短了处理时间。同时，能够保持原有文档的排版和格式，减少了人工干预和修正的需求，进一步提高了工作效率。二是降低人为错误。在文件类型转换过程中，通过深度学习算法和自动化处理机制，准确地识别并转换文件中的内容，大大降低了人为错误的风险，这一优势在电力行业尤为重要，因为任何微小的错误都可能对电力系统的安全稳定运行造成严重影响。三是促进信息共享。通过实现不同格式文件之间的灵活转换，打破了信息交流的壁垒，使得不同部门、不同领域之间的信息能够无缝对接和共享，提高信息的利用率和价值，促进电力行业的整体协同和创新能力。

## 第十八节　做——自动执行

### 一、供电所营销业务与 RPA 技术融合应用

#### （一）背景介绍

随着用电信息采集系统的全面上线，基层供电所抄表工作由最先的手工抄表逐步转向远程采集抄表，其独有的远程自动抄表方式极大程度提高了抄表效率。然而目前在实际运行中却存在着一些问题，一是因停电、网络传输、接线不当、违规操作而导致采集成功率低下，因为不用去现场抄表的原因，导致电工对台区的管理力度有所降低，无法在第一时间发现问题。二是用电信息采集系统提供人工补召功能，因人工补召操作相对烦琐，需要投入大量精力操作系统，往往在忙碌一天后得不到理想的补召结果，使得工作效率大大降低。三是实时监控采集设备需要大量时间，先从用电信息采集系统里导出报表，加入人工分析，如连续抄表失败的用户，需要从众多报表中进行筛选、排序、汇总，进一步形成针对每项指标的统计表格，浪费了大量的人力和时间。通过推进 RPA 典型场景推广应用，可有效提升采集业务质效、赋能基层减负，促进作业模式变革。

#### （二）应用详情

1. 专公变全量数据补召

供电所工作人员需每天上班监控辖区内专公变全量失败明细查询，发现有专公变全量失败需通知台区经理，根据明细清单中的失败项找到对应的召测点，并在新一代用电信息采集系统进行召测，每天大约有 300～500 条的数据。利用

RPA 机器人导出每日的采集失败清单明细，进行全量数据自动补召，无需监控，不占用工作忙时，提高工作效率。

2. 低压用户曲线补召

智能电表采集失败补召是保证采集成功率的有效手段，但又是一项枯燥乏味且耗时长的工作，供电所需设置专职人员负责智能电表采集失败补召，每月对未召测设备的历史曲线进行召测工作，该项工作需要对每一个未召测设备的正向、反向、需量、电压、电流等数据进行一一补召，通过构建数字员工，实现定时启动、循环补召、结果统计，在抄表示数发行阶段进行错峰补采，切实提升一线工作效率。

3. 光伏实时曲线补召

在用电信息采集系统中，由于通信故障、设备故障、网络拥堵等多种原因，可能会导致部分光伏实时曲线数据未能正常采集或传输到电网监控系统，进而可能影响到电站的运维决策。因此，开展光伏实时曲线补召数据召测工作就显得尤为必要，RPA 机器人按照登录—取数—补召—输出的操作流程，模拟多人补召，从系统中输出补召结果，为有序用电、电能质量管理和电网经济运行提供科学的技术手段和决策依据。

4. 日冻结示值召测

每日常态化的补采工作因重复性大、耗时多，严重制约着工作效率，影响着采集指标的提升。通过 RPA 机器人召测日冻结示值，实现了电流、电压、正向有功电能、日冻结正向有功电能等九项数据项分别查询，并指定数据项进行召测功能。自动完成远程抄表工作后，同步将异常数据快速、精准地导出（图 3－57）。进而判断出当天的数据采集情况，方便第一时间确认问题、排查故障。

### （三）成效总结

以 RPA 技术为基础，深入结合营销领域业务需求，推进业务自动化、智能化。相关成果在河南全省 18 个地市各供电所推广应用，为相关工作带来了多维度的显著改进与助力。一是工作效率方面，将原有业务流程缩短为简单的“一键执行”，避免了人工重复劳动，单次业务节省人工 6h，效率提升 1.5 倍以上。二是工作成效方面，RPA 的自动化流程严格按照设定规则执行，精准进行数据召测和处理，采集成功率由原来的 98.00％提升至 99.98％。三是作业模式变革方面，RPA 的应用打破了传统人工为主的作业模式局限，为基层班组节约 1～2 人，解决了人员配置紧缺问题。通过数字新技术与业务的融合，帮助一线工作人员实现主要业务流程的自动化运行和智能化反馈。

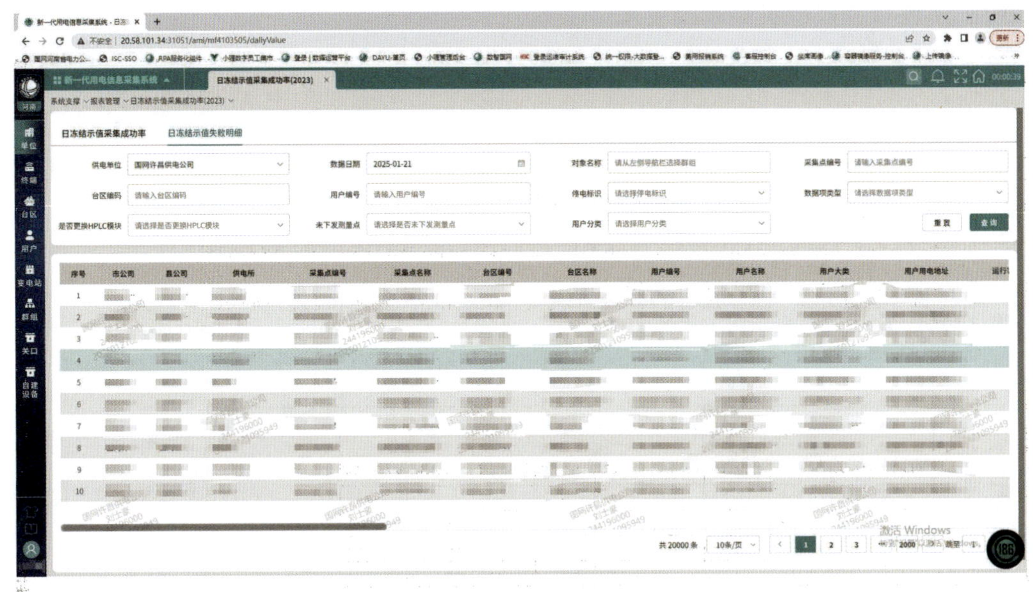

图 3-57　日冻结示值明细图

## 二、供服指挥中心赋能升级

### （一）背景介绍

针对供电服务指挥中心业务跨专业、多系统等特点，一线基层员工实际操作中需进行大量系统切换、重复录入的烦琐劳动，业务流程需跨越设备、营销、调度三个专业，存在流程步骤复杂、人工操作重复等问题。涉及能源互联网营销服务系统、配网抢修指挥平台等多套业务系统调阅数据，业务人员每天处理上千次高频烦琐的接派、督办、回填、校核工作等，海量工单及预警处理、数据比对工作造成数据信息不准，且由于人为失误常导致工作冗长。通过推进 RPA 典型场景推广应用，赋能供电服务指挥中心转型升级，将有效提升业务质效、赋能基层减负，促进作业模式变革。

### （二）应用详情

1. 配网重过载设备统计

为指导各单位集中力量开展差异化运维，利用 RPA 将设定的时间周期内供电服务指挥系统中重过载台变明细导出，保留类别、责任单位、公变名称等七个字段，将重过载明细加入重过载累计明细表中，经过单位排序、重过载颜色标记、重复项筛选等处理后，对未治理和新增的重过载配变生成日通报表格（图 3－

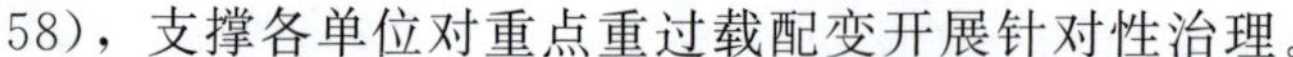

58），支撑各单位对重点重过载配变开展针对性治理。

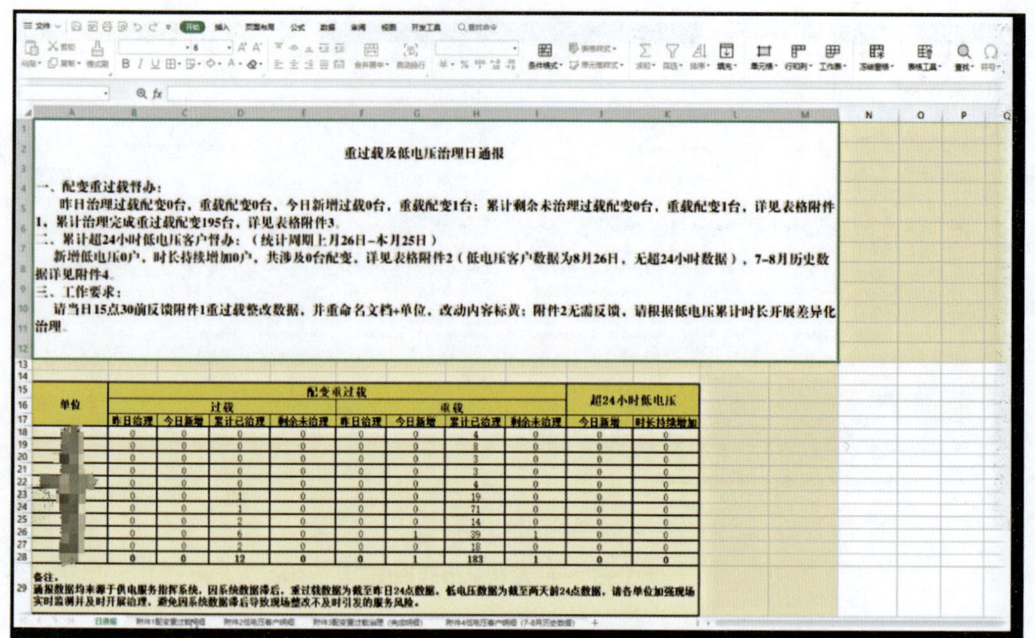

重过载及低电压治理日通报

一、配变重过载督办：

昨日治理过载配变0台，重载配变0台，今日新增过载0台，重载配变1台；累计剩余未治理过载配变0台，重载配变1台，详见表格附件1，累计治理完成重过载配变195台，详见表格附件3。

二、累计超24小时低电压客户督办：（统计周期上月26日–本月25日）

新增低电压0户，时长持续增加0户，共涉及0台配变，详见表格附件2（低电压客户数据为8月26日，无超24小时数据），7–8月历史数据详见附件4。

三、工作要求：

请当日15点30前反馈附件1重过载整改数据，并重命名文档+单位，改动内容标黄；附件2无需反馈，请根据低电压累计时长开展差异化治理。

| 单位 | 配变重过载 | | | | | | | | 超24小时低电压 | |
|---|---|---|---|---|---|---|---|---|---|---|
| | 过载 | | | | 重载 | | | | | |
| | 昨日治理 | 今日新增 | 累计已治理 | 剩余未治理 | 昨日治理 | 今日新增 | 累计已治理 | 剩余未治理 | 今日新增 | 时长持续增加 |
| | 0 | 0 | 0 | 0 | 0 | 0 | 4 | 0 | 0 | 0 |
| | 0 | 0 | 0 | 0 | 0 | 0 | 8 | 0 | 0 | 0 |
| | 0 | 0 | 0 | 0 | 0 | 0 | 3 | 0 | 0 | 0 |
| | 0 | 0 | 0 | 0 | 0 | 0 | 3 | 0 | 0 | 0 |
| | 0 | 0 | 0 | 0 | 0 | 0 | 4 | 0 | 0 | 0 |
| | 0 | 0 | 1 | 0 | 0 | 0 | 19 | 0 | 0 | 0 |
| | 0 | 0 | 1 | 0 | 0 | 0 | 71 | 0 | 0 | 0 |
| | 0 | 0 | 2 | 0 | 0 | 0 | 14 | 0 | 0 | 0 |
| | 0 | 0 | 6 | 0 | 0 | 1 | 39 | 1 | 0 | 0 |
| | 0 | 0 | 2 | 0 | 0 | 0 | 18 | 0 | 0 | 0 |
| | 0 | 0 | 12 | 0 | 0 | 1 | 183 | 1 | 0 | 0 |

备注：

通报数据均来源于供电服务指挥系统，因系统数据滞后，重过载数据为截至昨日24点数据，低电压数据为截至两天前24点数据，请各单位加强现场实时监测并及时开展治理，避免因系统数据滞后导致现场整改不及时引发的服务风险。

图 3-58　重过载配变日通报表格

2. 供电可靠性工单停电核查事件

针对性地开展多次停电问题治理，利用 RPA 导出设定的时间周期内能源互联网营销服务系统内的多次停电工单，获取客户编号后，进入 95598 业务支持系统，进入用电客户信息模块查询，输入客户编号，点击用户客户信息下的电能表，查询该客户近两个月停电记录，将相关字段信息提取至多次停电工单明细表中，支撑各单位开展多次停电治理工作。

3. 配网运营及供电服务情况统计

为及时总结配网运营及供电服务工作情况，定期对配网故障停电总量、整线分支量、各单位分布、影响台区用户、供电恢复情况（图 3-59），以及 95598 投诉、意见、报修等各类工单的单位分布、三级分类、百分比变化对比（同比与环比）及横向对比、百万量全省平均水平倍数等进行自动统计分析，形成配网运营及供电服务情况通报，常规情况下频率为每日，恶劣天气等特殊情况下为每小时，通过短信及微信群发送至对应人员，支撑其业务管理、科学决策。

4. 故障工单预警

为确保故障报修工单及时派单，现场人员能及时接单处理，避免在人工繁

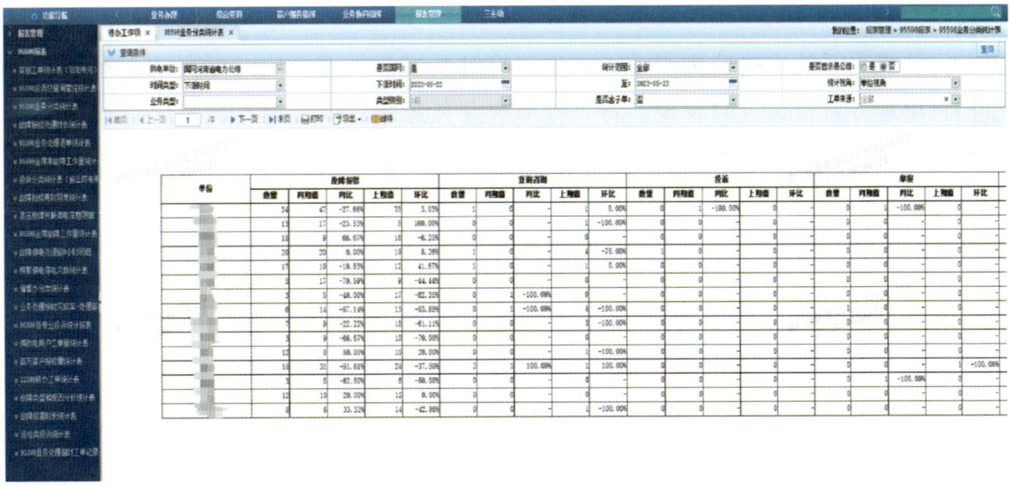

图 3－59　95598 业务量统计表

忙、供服系统提示音异常情况下发生工单处理超时，通过 RPA 机器人 24 小时监控并获取故障报修工单数据，根据“国网受理时间”和“工单现场进度类型”判断工单的预警类型或等级，并对故障报修工单按照不同环节、不同时段进行预警。通过预警声音提示、短信发送等方式督促相关人员及时处理。

### （三）成效总结

聚焦供电服务指挥中心营配调一体的业务特性，围绕工单处理、数据校核、风险预警等业务方向，全生命周期赋能供服指业务流程，形成三个方面的应用成效。一是节约工时，提升工作效率，解决供服数据体量大、种类杂、维度多等问题，节约工时 45%。二是精准校核，提升工作质量，实现海量工单及预警处理的自动化，数据统计准确率提升至 100%，消除信息漏发。三是业务协同，优化管理模式，贯通设备、营销等业务系统，减少配网抢修指挥业务流程节点，实现跨系统间的数据连接，优化业务流程。推动流程自动化编排、图像识别、屏幕元素自动定位等人工智能技术深度嵌入供服指业务流程。

## 三、信息系统全方位自动巡检

### （一）背景介绍

随着新型电力系统建设不断推进，信息业务承载量日益增长，基础设施及运行设备须时刻保持稳定运行，一旦基础环境或运行设备出现故障，会对系统运行的可靠性构成直接威胁。鉴于以上挑战，需要解决以下关键问题：现有监控工具覆盖不全，大量巡检工作仍需人工参与，部分运行指标不能实现自动监控，仍然需要人工登录到系统内部进行巡检，耗费大量人力，效率较低；人工巡检质量及频度难以保障，无法满足系统实时监测需求；人工巡检对系统各关键模块的运行状态难以及时监控，出现异常难以及时发现，将直接形成业务影响；人工巡检数据难以沉淀，无法开展系统巡检数据的深度分析，人工巡检信息采集难，无法从多维度对数据进行深度分析。

## （二）应用详情

自动巡检流程来源于用户的日常操作，致力于使用 RPA 机器人完成繁重的人力劳动工作。使用 RPA 机器人执行巡检流程可满足高频次、预警快、分析准的监测要求。RPA 巡检的两个流程如下。

1. 系统可用性巡检

系统可用性是对系统各类页面、系统功能模块、系统性能指标进行持续且高频度的信息监测。监控信息系统的页面响应性能，及时发现问题并做出响应，以确保应用运行正常。

2. 华为云平台组件巡检

华为云平台组件巡检包括 CCE 容器巡检、数据库巡检、分布式巡检、中间件巡检、主机系统巡检五个方面（图 3-60）。

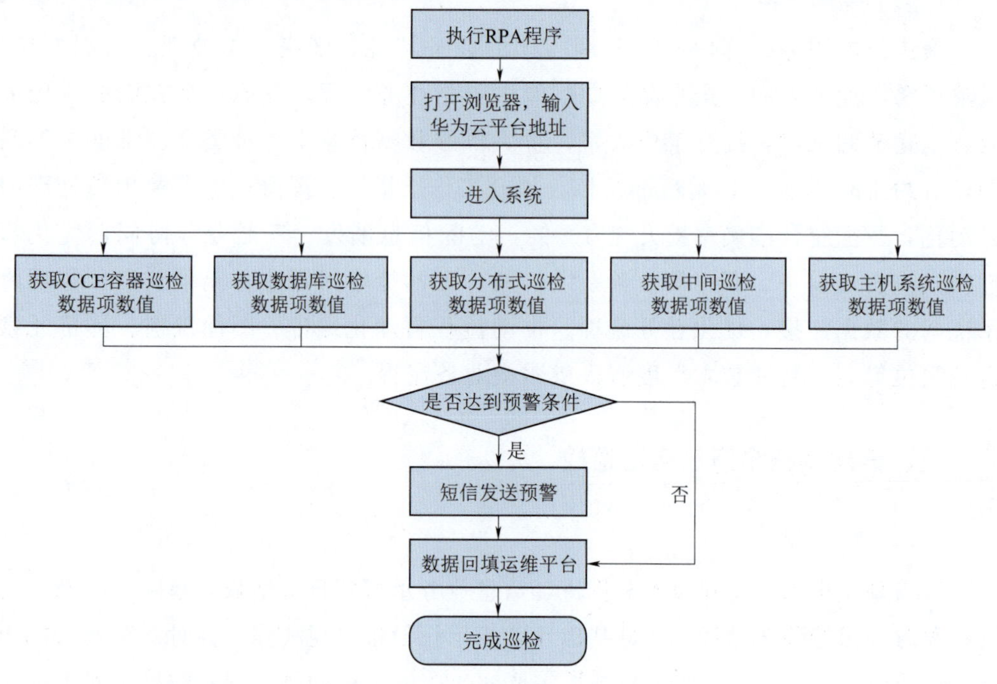


图 3-60　巡检执行流程图

### （三）成效总结

信息系统全方位自动巡检，实现信息系统巡检过程中的数据采集入库、数据分析预警、预警信息回填，提高信息系统运行质量。通过 RPA 机器人对原有巡检体系进行有效补充，将自动巡检覆盖率由 60%提高至 95%，巡检频次由每天 4 次提高至 144 次，年累计减少 300 余人·天，年节省人工工时费用 30 余万元。

在此基础上还可通过调用 Python、lua 等脚本识别复杂程度较高的验证码图片，识别率达 99%以上，为高效巡检带来便利。

使用 RPA 机器人巡检可覆盖信息巡检全要素，监控记录系统运行全过程，精准定位系统运行瓶颈，促进运行管理由量变到质变，全面提升系统运行维护的精益化水平。

# 第四章

# 风险与展望

本章深入探讨了人工智能技术带来了前所未有的发展机遇及伴随机遇而来的还有一系列风险和挑战，包括技术成熟度风险、技术融合难度以及数据质量与整合风险等，这些问题需要在推进人工智能应用时给予充分关注。人工智能技术在电力行业的应用，不仅助力了新型电力系统的构建，还全面提升了电力系统的智能化水平。人工智能技术在电力行业中的应用前景广阔，通过智能化工作方式替代重复、单一、机械的工作方式，将减少人工成本，提高工作效率与可靠性。同时，通过与电力行业应用技术的融合，人工智能技术将有效提升驾驭复杂新型电力系统的能力，转变电力行业经营服务模式。未来，随着技术的不断进步和应用场景的拓展，人工智能将在电力行业中发挥更加重要的作用，为实现“双碳”目标和推动能源系统自主交互、自主协调控制提供有力支撑。

## 第一节　风　　险

在理论算法不断演进、计算能力显著提升、数据资源爆炸式增长及经济社会对智能化解决方案强烈需求的共同驱动下，人工智能领域正经历着前所未有的变革。这一阶段的人工智能不仅限于深度学习的进一步深化，还体现在技术与不同行业的快速融合、人机协作模式的创新、群体智慧的开放共享平台的建立，以及机器自主智能水平的提高等方面，标志着“新一代人工智能”的到来。

电力行业作为能源领域核心组成部分，其业务范围涵盖了从发电、输电到配电和用电的各个环节，而新型电力系统由于其复杂非线性的特性、高度的不确定性和各个组件之间的强耦合性，给传统的工程技术手段带来了诸多挑战。传统方法在处理大型复杂系统的实时控制、优化调度和决策支持方面逐渐显现出局限性，难以满足现代电力系统高效、可靠、灵活的要求。

在此背景下，人工智能技术凭借其强大的数据分析能力和智能决策支持功能，为解决上述问题提供了新思路和方法。通过引入先进的机器学习模型，如强化学习、迁移学习等，更准确地预测电力负荷变化，优化电网运行策略，提升故障诊断和恢复的速度及准确性，从而增强整个电力系统的韧性。然而，在积极探索和推进人工智能技术在电力行业中的应用的过程中，我们必须保持清醒的认识，充分意识到这一进程中所伴随的一系列风险和挑战，在网络安全、数据隐私、算法技术、管理运营等方面都是需要谨慎应对的关键议题。此外，如何保证电力人工智能建设过程中可靠可控，也是电力行业在采用新技术时必须重点考虑的因素。因此，平衡好技术创新与风险管理之间的关系，是实现人工智能在电力行业中成功应用的重要保障。

## 一、网络安全防护困难

一是数据安全保障。电力系统建设运行对数据准确要求较高，攻击者能够篡改或污染训练数据或实时输入数据，可能会导致模型做出错误的预测或控制指令，影响电力系统的正常运作。二是网络攻击风险。电力系统中计算机网络和智能设备是潜在的攻击目标。恶意软件和病毒可通过各种途径侵入系统，导致服务中断、数据丢失或泄露，或远程控制物理设备，如发电机组或变电站开关等。三是安全防护难度增加。人工智能的引入使电力系统的架构变得更加复杂，增加了安全防护的难度。不同人工智能应用和电力设备之间的交互可能存在安全漏洞，传统的安全防护措施可能无法有效应对。四是技术更新迭代快。人工智能技术发展迅速，新的安全威胁和漏洞不断涌现，迫切需要不断更新和完善自身的安全防护技术和策略安全防线，包括加强数据加密、提升系统韧性、实施严格的访问控制以及定期进行安全审计等措施，以适应快速变化的技术环境。

## 二、敏感数据难以保障

一是敏感信息泄漏。电力系统依赖大量的实时数据来实现智能决策，而这些数据可能包含敏感信息。如果数据保护措施（如物理安全、逻辑访问权限设置和技术防护手段）不到位，可能会导致用户隐私泄露或遭受网络攻击，进而影响到电网的安全运行。二是数据质量下降。人工智能技术的有效性高度依赖于数据的质量，在电力行业中，数据来源广泛且格式多样，数据整合和处理难度较大，而人工智能模型通常需要大量的训练数据支撑，且效果取决于数据的质量，数据质量问题可能导致人工智能模型性能下降，不准确或有偏差的数据可能导致错误的预测结果或决策。三是长期数据保存。电力资产数据由于长期存储，即使当前认为无害的历史数据，在技术迭代进步后可能会被重新解读并用于不利目的。四是训练数据污染可导致人工智能决策错误。随着人工智能与电力度融合，训练数据集建设需求迫切，为恶意、伪造数据的注入提供了机会。向模型“注入”伪装的数据或信息，将误导人工智能做出错误判断，影响模型训练效果。五是数据过度采集，加剧隐私泄露风险。随着各类智能应用及边端设备的普及，人工智能设备和系统对个人信息采集更加直接与全面。相较于互联网对用户上网习惯、消费记录等的信息采集，人工智能应用可采集用户人脸、指纹、声纹、虹膜、心跳、基因等具有强个人属性的生物特征信息。这些信息具有唯一性和不变性，一旦被泄露或者滥用，将造成严重影响。

## 三、技术融合难度较高

一是算力瓶颈。随着电力系统规模的扩大和人工智能应用的增加，对计算能力的需求也在迅速增长。算力不足，可能导致人工智能模型的训练和推理速度慢，无法及时对电网运行状态做出响应，影响电力系统的稳定性和可靠性。二是技术成熟度风险。尽管人工智能技术正在快速发展，当前在电力行业的某些专业应用场景中，该技术仍处于演进阶段，面临着性能稳定性不足和识别精度需要进一步提升的问题，实际应用效果未能完全达到预期。为确保系统的可靠稳定运行，持续技术优化与严格验证过程是不可或缺的。三是技术实现难度。电网建设涉及众多复杂的系统和设备，人工智能技术的融合需深入了解系统及设备的运行机理，技术实现的难度较大，可能存在技术实施上的障碍。四是技术依赖度高。过度依赖 AI 技术可能导致忽视传统方法的重要性，一旦 AI 系统出现故障或失效，缺乏有效的备用方案可能会使整个电力系统陷入困境。五是开源学习框架存在安全风险。人工智能开源学习框架实现了基础算法的模块化封装，可以让应用开发人员无需关注底层实现细节，大大提高了人工智能应用的开发效率。但是，人工智能开源学习框架集成了大量的第三方软件包和依赖库资源，相关组件缺乏严格的测试管理和安全认证，存在未知安全漏洞。近年来，360、腾讯等企业安全团队曾多次发现 TensorFlow、Caffe、Torch 等深度学习框架及其依赖库的安全漏洞，攻击者可利用相关漏洞篡改或窃取人工智能系统数据。

## 四、管理运营面临挑战

一是业务人员过度依赖人工智能系统，而忽视自身的判断和决策能力。人工智能算法模型主要反映了数据关联性和特征统计，并没有真正获取数据因果关系，而人工智能决策严重依赖训练数据特征分布性和完备性，人工标记数据覆盖不全、训练数据与测试数据同质化等原因常常导致人工智能算法泛化能力差，智能系统在动态环境实际使用中决策可能出现错误，当人工智能系统出现故障或给出错误的建议时，可能会导致操作人员无法及时作出正确的反应，增加事故发生的风险。二是沟通与协作不畅，人工智能系统与人类操作员之间的沟通方式和信息表达方式可能存在差异，导致双方在理解和执行任务时出现偏差，影响办公的高效运行。

# 第二节 展 望

在科技飞速发展的当下，人工智能正以前所未有的态势，深刻地融入各个领域，为其带来变革性的影响。电力系统作为现代社会运转的关键支撑，正面临着前所未有的挑战与机遇。新型电力系统的构建迫在眉睫，它承载着实现“双碳”目标的重任，需要满足能源安全、新能源消纳、高效灵活等诸多严苛要求。在这样的背景下，人工智能技术犹如一颗璀璨的新星，闪耀登场，为电力系统的革新带来了无限可能。人工智能技术作为新一轮产业变革的驱动力和经济发展的新引擎，将带动电力行业形成智能化新需求，催生一大批智能化新技术、新产品、新产业，推动电力行业从数字化、网络化向智能化飞跃。从助力新型电力系统的基础构建，到全面提升电力系统各个环节的智能化水平，人工智能正一步步改写着电力领域的发展轨迹。

## 一、人工智能技术助力新型电力系统构建

新型电力系统是指在传统电力系统基础上，利用人工智能、大数据、云计算和物联网等先进技术构建的智能、高效、灵活且环保的电力体系。其核心在于增强对清洁能源（如风能、太阳能）的整合能力，通过智能化电网管理实现对电力生产与分配过程的优化控制，提高系统的稳定性和效率。此外，新型电力系统还强调需求侧响应机制、储能技术的应用以及虚拟电厂和微网的发展，旨在促进能源使用的清洁化、智能化和社会经济效益的最大化。这一转变不仅提升了能源利用率，也推动了电力行业的数字化转型。

新型电力系统的构建需要煤电发挥更好的“压舱石”作用，实现低碳、高效、灵活改造的需求；需要配网侧大量分布式新能源的接入，实现综合效能提升及智能自治的需求；需要用能侧的电气化及大量的智能电力电子元器件，实现状态监测及控制的要求；需要解决由于直流的冲击和转动惯量不足等问题带来的电力系统安全问题，实现复杂系统计算及仿真的要求；需要解决由于大量物联设备、终端及多源数据的接入而带来的数据价值难以挖掘的问题，实现数据的有效利用的需求。

人工智能相关技术将为新型电力系统的构建带来巨大变革，通过人工智能多模态融合智能化状态监测，让设备更可靠，更大程度地解放人员工作量；通过数据和知识的双驱动，人工智能与业务机理的深度融合，构建新型的专家系统，辅

助智能决策；通过智能感知、云边协同技术构建能源“大脑”，实现新型电力系统的“耳聪目明，手脑协调”。

## 二、人工智能全面提升电力系统的智能化水平

电网建设、运检、安监、营销、经营管理等应用领域仍有大量业务工作存在着自动化、智能化程度偏低的问题，这些工作枯燥、重复，并不复杂，但需要大量人员参与，耗时耗力。人工智能的优势之一就是延伸人类听觉、视觉、触觉等功能，特别适合单一、重复、机械及危险环境的工作。人工智能技术的先进研究成果可用于解决电力领域的业务痛点，实现降本增效。

### （一）调度领域

调度涉及多个业务系统，信息量庞大杂乱易造成业务“枢纽拥堵”，在实际调度中，调度员需要对大量数据进行人工分析和处理；大量调度流程简单重复，调度指挥、人工操作效率低；调度依赖人工方式处理，对人员知识储备、反应能力和业务经验要求高；电力负荷预测受多种因素影响，电力负荷预测复杂精准度难以提升。

通过人工智能技术，提升电网负荷预测的精准度，解决在调度过程中过度依赖人工操作，调度人员凭经验、凭能力甚至凭心情的传统人工手段，提供智能辅助决策，提高调度工作效率，降低调度人员压力，集中精力关注电网运行更为深层本质的潜在风险和运行问题。如调度智能助手和调控智能搜索等应用，支撑调控运行信息查询分析，已经在上海、江苏、福建进行了试应用，每天能够节约机组电能计划调整时间1h。

### （二）设备运维

随着电力建设的发展，国网公司管辖输电线路长度迅速增长，架空线路分布于户外广阔地域，地理环境复杂，在各种作用力的长期作用下，线路设备本体可能发生锈蚀、断股、过热等情况，线路监测通道容易发生大型机械施工威胁、火灾、覆冰、地质灾害等，电网安全压力与日俱增，传统的人工巡视效率低。目前，多采用直升机、无人机、固定监拍装置和人工协同的巡检工作模式，并大力推广无人机巡检应用，运检效益明显提升，但仍存在人员操纵难度高、环境感知不准确和影像识别工作量大等问题。此外，随之而来的是海量图片的产生，传统的输电线路巡视图像的分析主要依靠人工。

借助人工智能等技术可及时发现隐患并预警。基于人工智能技术的输电线路设备本体和通道的智能化巡视，实现输电线路巡检影像智能化诊断与检修，高度

准确定位安全隐患点和故障点，全面提升输电线路图像识别水平，进而引导检修队伍快速开展线路维护，能够降低检修工作人员劳动强度，缩短巡检周期，提高输电线路运维检修能力，为保障电网稳定运行提供有力的信息技术支撑，全面提升电网业务的智能化和管理精益化。通过人工智能图像识别，实现输电缺陷识别率 70%，输电巡视效率平均提升 20 倍，通过机器人全自主、高效率、全天候巡检，巡检频度比人工提高 3 倍，人工例行巡视工作量下降 30%。

### （三）客户服务

部分电力营业厅业务量大、缴费业务比重大等问题突出，常规且重复的劳动使营业人员不堪重负，无暇顾及优质客户本应享受的服务资源。在电力体制改革的大背景下，目前的电力营业厅软硬件设施已不能满足客户日益增长的服务需求，不能够适应目前改革所带来的冲击，需要不断转型升级以适应电力改革新形势和客户服务新要求。

通过智慧问答机器人，可实现 95598 电话及在线服务渠道智能交互，实现单户停电报修等特定办理类业务智能受理，有效支撑生产抢修指挥座席应用，通过电力营销领域知识图谱构建，促进电力营销知识智能共享。智能自助营业厅已经全面推广应用，能够降低客户等待时长 52%，替代 60%的客服人工工作，为客户节约用能成本达 13%。

### （四）企业经营

发展规划业务中涉及大量企业外部（如政府、行业、能源客户、供应商电厂等）数据、企业内部数据的汇聚和分析。企业外部数据获取主要依靠人工搜索、收集，存在效率低、及时性差、成本高等问题；办公及项目中海量的文档，现阶段仍然主要依赖个人习惯进行文档管理，海量的文档大部分由工作人员来撰写，重复性工作较多。

基于人工智能技术，可实现基于 NLP 技术的文档语料库构建和文档模板自动生成，基于深度学习的语音转写和公文智能化自动组稿、撰稿，对不同类型的文档进行自动分类、自动编制，集成内外部信息的企业发展规划知识库，构建多领域知识图谱，减少重复性工作，减轻工作人员工作量，提高办公效率。基于办公及档案智能化、精准投资、融媒体智能舆情、数字化审计等人工智能应用，可辅助企业资源均衡、基层减负。

## 三、人工智能助力实现智能感知与实时监测

在未来，人工智能与物联网技术的深度融合将构建起一个全方位、多层次的

电力设备及系统智能感知网络。电力设备作为电力系统运行的基础单元，其运行状态的实时、精准监测对于保障电力供应的稳定性和可靠性至关重要。

在输电线路方面，智能传感器的部署将更加密集和多样化。除了现有的温度、应力、覆冰监测功能外，还将新增对线路弧垂、微风振动以及电磁环境等参数的监测。这些传感器能够以极高的频率采集数据，并通过低功耗、高带宽的通信技术，如5G网络，将数据实时传输至云端数据中心。在云端，强大的人工智能算法对海量数据进行实时分析和处理。例如，利用图像识别技术对搭载高清摄像头的无人机巡检图像进行分析，不仅能够快速检测到线路周围的异物入侵，如风筝、树枝等可能危及线路安全的物体，还能通过对线路外观的细致分析，提前发现导线磨损、断股等潜在故障隐患。

对于变电站中的各类设备，如变压器、断路器、互感器等，物联网技术将实现设备之间的互联互通以及与监控系统的无缝对接。通过在设备内部嵌入微型传感器，实时采集设备的油温、油位、气体成分、局部放电、机械振动等多维度数据。这些数据通过边缘计算设备进行初步处理和筛选后，再上传至云端。人工智能算法基于这些数据建立设备的实时运行模型，与正常运行状态下的模型进行对比分析，一旦发现异常，立即发出预警信号，为运维人员提供及时、准确的设备状态信息。

## 四、人工智能改变传统的电力设备运维方式

基于人工智能与物联网技术融合的智能运维模式，将彻底改变传统的电力设备运维方式。传统的设备运维主要依赖定期巡检和预防性维护，不仅耗费大量的人力、物力和时间，而且对于一些突发故障难以做到及时发现和处理。

在新的智能运维模式下，通过对设备运行数据的实时分析以及历史数据的深度学习，能够实现对设备故障的精准预测。以变压器为例，物联网技术实时采集其油温、油位、绕组温度、铁芯接地电流等数据，人工智能算法利用这些数据构建变压器的健康状态评估模型。通过对模型的持续训练和优化，算法能够准确预测变压器在未来一段时间内可能出现的故障类型和故障时间。例如，当算法预测到变压器绕组可能因过热导致绝缘损坏时，系统会提前发出预警，并为运维人员提供详细的故障处理建议，如调整负载、加强散热等措施，以避免故障的发生。

此外，智能运维系统还能够根据设备的运行状态和故障预测结果，自动生成个性化的运维计划。对于不同运行状态的设备，制定不同的巡检周期和维护策略。对于运行状态良好的设备，适当延长巡检周期，降低运维成本；对于存在潜

在故障风险的设备，及时安排专业人员进行重点检查和维护，确保设备的安全运行。同时，智能运维系统还能够通过虚拟现实（VR）和增强现实（AR）技术，为运维人员提供远程指导和培训，提高运维人员的工作效率和技能水平。

## 五、人工智能助力新能源发电预测与调度优化

随着全球对清洁能源的需求不断增加，风能、太阳能等新能源发电在电力系统中的占比日益提高。然而，新能源发电的间歇性和波动性给电力系统的稳定运行带来了巨大挑战。未来，人工智能将在新能源发电预测和调度优化方面发挥关键作用。

在新能源发电预测方面，人工智能将综合利用气象数据、地理信息、卫星遥感数据以及新能源发电设备的实时运行数据等多源信息。通过深度学习算法对这些数据进行深度挖掘和分析，建立更加精准的新能源发电预测模型。例如，对于风力发电预测，算法不仅考虑风速、风向、气温、气压等常规气象数据，还会结合气象卫星提供的云图信息、大气环流数据以及地形地貌等地理信息，对风力发电功率进行更准确的预测。对于光伏发电预测，除了考虑光照强度、温度、湿度等因素外，还会利用卫星遥感数据对云层覆盖情况、气溶胶浓度等进行实时监测和分析，以提高光伏发电预测的精度。

在调度优化方面，人工智能将结合智能电网技术，实现新能源电力的高效调度。通过对电力系统负荷需求的实时预测以及新能源发电功率的准确预测，智能调度系统能够根据不同电源的特性和成本，制定最优的发电计划和电力分配方案。例如，在新能源发电充裕时，优先利用新能源发电满足负荷需求，并将多余的电能储存到储能系统中；在新能源发电不足时，合理调度传统火力发电、水力发电等电源，保障电力供应的稳定性。同时，智能调度系统还能够根据电网的实时运行状态，自动调整电网的运行方式，优化电力潮流分布，降低电网的传输损耗，提高电力系统的整体运行效率。

## 六、人工智能促进储能系统的高效利用和寿命延长

储能系统作为解决新能源发电间歇性和波动性问题的关键手段，在未来的新能源电力系统中将扮演越来越重要的角色。人工智能将在储能系统的智能管理中发挥核心作用，促进储能系统的高效利用和寿命延长。

在储能系统的充放电控制方面，人工智能通过对电力系统的负荷需求、新能源发电出力以及储能系统的实时状态等信息的实时监测和分析，利用智能算法制

定最优的充放电策略。例如，在用电低谷期，当新能源发电功率大于负荷需求时，智能算法控制储能系统进行充电，将多余的电能储存起来；在用电高峰期，当新能源发电功率不足或无法发电时，智能算法控制储能系统进行放电，为电力系统提供补充电能。同时，智能算法还会考虑储能系统的电池寿命、充放电效率、成本等因素，优化充放电过程，避免电池过充、过放，延长电池的使用寿命。

在储能系统的容量配置和选址方面，人工智能通过对电力系统的历史运行数据、负荷预测数据以及新能源发电规划等信息的分析，利用优化算法确定储能系统的最优容量和选址方案。例如，根据不同地区的负荷特性和新能源发电分布情况，合理配置储能系统的容量和位置，使储能系统能够更好地发挥其调节作用，提高电力系统对新能源的消纳能力。此外，人工智能还能够对储能系统的运行状态进行实时监测和评估，及时发现储能系统中的故障和异常情况，并采取相应的措施进行处理，保障储能系统的安全稳定运行。

### 七、人工智能为电力市场交易提供决策支持

在电力市场环境下，电力企业面临着复杂多变的市场价格波动和激烈的市场竞争。为了在市场中取得竞争优势，电力企业需要制定科学合理的交易策略。人工智能将通过对电力市场数据的深度分析和预测，为电力企业提供强大的交易决策支持。

人工智能利用机器学习算法对历史电价数据、负荷需求数据、电源发电能力数据、市场供需关系数据等进行分析，挖掘数据之间的内在规律和趋势。例如，通过对历史电价数据的时间序列分析，预测未来一段时间内的电价走势；通过对负荷需求数据和电源发电能力数据的分析，评估电力市场的供需平衡情况。基于这些分析结果，人工智能为电力企业提供多种交易策略建议，如在电价低谷期买入电力，在电价高峰期卖出电力；根据不同电源的发电成本和市场价格，合理安排发电计划，选择最优的发电组合等。

此外，人工智能还能够实时监测电力市场的动态变化，及时调整交易策略。例如，当市场出现突发情况时，如新能源发电功率大幅波动、重大电力设备故障导致电力供应短缺等，人工智能能够迅速分析这些情况对电力市场价格和供需关系的影响，并为电力企业提供相应的应对策略，帮助电力企业降低市场风险，提高经济效益。

## 八、人工智能助力能源管理系统智能化升级

未来的能源管理系统将以人工智能为核心，实现能源生产、传输、分配和消费全过程的智能化管理。在能源生产环节，人工智能通过对能源资源的实时监测和分析，优化能源开采和生产过程，提高能源生产效率和质量。例如，在煤矿开采中，利用人工智能技术对煤矿地质条件、煤层厚度、瓦斯含量等数据进行分析，优化采煤设备的运行参数和开采方案，提高煤炭开采效率，同时保障安全生产。

在能源传输和分配环节，人工智能通过对电网、油气管网等能源输送网络的实时监测和智能调度，优化能源输送路径和分配方案，降低能源输送损耗，提高能源输送效率。例如，在电网调度中，利用人工智能算法实时分析电网的负荷分布、线路潮流、设备运行状态等信息，优化电网的运行方式，实现电力的经济、高效传输。

在能源消费环节，人工智能通过对用户的能源消费数据进行分析，了解用户的能源消费行为和需求，为用户提供个性化的能源管理方案。例如，在工业企业中，通过对企业生产设备的能源消耗数据进行分析，利用人工智能算法优化设备的运行参数和生产流程，降低能源消耗，提高企业的能源利用效率。在居民用户中，通过对用户的用电习惯、用电设备类型等数据的分析，为用户提供节能建议和智能家电控制方案，帮助用户实现节能减排。

## 九、人工智能成为拉动上下游产业蓬勃发展的全新驱动力

人工智能各类基础设备、终端设施以及强大的计算能力，诸如芯片、传感器以及形形色色的计算能力平台，都得到了极为广泛地运用。这些关键要素，犹如坚固的基石，为人工智能技术的顺利实现以及人工智能应用的成功落地，提供了至关重要的基础后台保障，是一切人工智能应用得以真正达成的首要前提。以人工智能芯片为例，基于深度学习所催生的庞大需求正在迅猛释放。在此背景下，众多致力于研究各类感知技术与深度学习技术的相关人工智能产业，也在争分夺秒地实现商业化构建。就像科大讯飞，在智能语音与人工智能的核心技术领域，包括语音合成、语音识别、口语评测、语言翻译、声纹识别、人脸识别以及自然语言处理等多个方面，均已达到国际顶尖水平。同样的，DeepSeek 作为一家专注于深度学习技术创新的企业，也在不断探索更高效的模型训练方法和优化策略，推动了从感知智能到认知智能的跨越发展。不仅如此，国内诸多科技企业敏锐地察觉到这一发展趋势，纷

纷积极布局人工智能产业，在这片充满机遇的新兴领域中开疆拓土。

随着技术的不断成熟与完善，人工智能技术已然步入大规模商用阶段，其产品更是全面且深入地渗透到消费级市场。值得一提的是，人工智能具备显著的溢出效应，这种效应犹如涟漪般扩散，将有力带动其他相关技术持续进步。在传统产业领域，它如同催化剂一般，助推传统产业转型升级，使其在新时代焕发出新的活力；在战略性新兴产业方面，人工智能则助力实现整体性突破，推动整个产业迈向更高的发展台阶。

综上所述，人工智能在电力领域的应用范围广泛且影响深远。不仅助力新型电力系统的构建，解决诸多传统电力系统面临的难题，还在电力系统的智能化提升、智能感知与实时监测、设备运维、新能源发电预测与调度优化、储能系统管理、电力市场交易、能源管理系统升级等各个方面发挥着关键作用。同时，人工智能作为一股强大的新驱动力量，拉动着上下游产业蓬勃发展，推动着整个电力行业迈向一个全新的高度。相信随着技术的不断创新和完善，未来人工智能将持续为电力领域注入源源不断的活力，为构建智能、高效、可靠、绿色的电力系统提供强大的技术支持，推动电力行业向更高水平迈进，为社会经济的繁荣发展提供坚实的能源保障。